Cathl i'r Eos a Cherddi Eraill
Alun (John Blackwell)

Roedd Alun, a defnyddio enw barddol y brodor o'r Wyddgrug John Blackwell (1797-1840), yn un o feirdd Cymraeg mwyaf llwyddiannus a phoblogaidd rhan gyntaf y bedwaredd ganrif ar bymtheg. Er nad oes dim ond cymharol ychydig o'i waith wedi goroesi, ystyrir ef yn ddolen gyswllt bwysig yn natblygiad y traddodiad telynegol Cymraeg.

Mae'r detholiad hwn o'i waith yn cynnwys mwyafrif helaeth y cerddi o'i eiddo sy'n hysbys; gan gynnwys yr awdlau enillodd iddo sawl gwobr mewn Eisteddfodau taleithiol yr 1820au, nifer o englynion, ynghyd â'i gerddi yn y mesurau rhydd, sef y gweithiau daeth yn fwyaf adnabyddus amdanynt.

Llun y clawr:

'Yr Eos' o *The Birds of Great Britain*
Arthur Gardiner Butler (1844-1925)
Statws llun: Parth cyhoeddus

Hawlfraint y testun diwygiedig:
©Melin Bapur 2025
Rhagymadrodd
©Robert Rhys 2025

Ni ellir atgynhyrchu unrhyw ran o'r llyfr hwn heb ganiatâd, ac eithrio at ddibenion adolygiad llyfr.

Cedwir pob hawl.

ISBN:
978-1-917237-65-9

Alun
(John Blackwell; 1797-1840)

Cathl i'r Eos a Cherddi Eraill

Llyfrgell Gymraeg Melin Bapur
Golygydd Cyffredinol: Adam Pearce

Alun (John Blackwell; 1797-1840), wedi'i wisgo fel offeiriad. Ymddangosodd yr engrafiad hwn yn *Ceinion Alun* (1851).

Cynnwys

Rhagymadrodd vii
Yr Wyddgrug: Hyd at 1823 1
   Iddo Ef 1
   Angau 3
   Cymdeithas Cymreigyddol Caerllion 4
   Dau Englyn 5
   Hawddamor 5
   Genedigaeth Iorwerth II 6
   Llwydd Groeg 26
   Dafydd Ionawr 32
   Rhywun 33
   Llinellau 34
   Gŵyl Dewi 35
   Maes Garmon 37
   Englynion 64
Aberriw: 1824 65
   Emyn Pasg 65
   Englyn i Annerch Miss Cotton, Ofyddes 66
   "A Pha le y Mae?" (Job xiv. 10.) 67
   Gwahoddedigion Eisteddfod y Trallwng, 1824 68
   Cerdd Hela 69
   Penillion i Cadi 72
   Caroline 73
   Yr Hen Amser Gynt 75

- Cyfieithiad o Feddargraff Seisnig 76
- Bugeilgerdd 76
- I — 78
- Gadael Rhiw 79

Rhydychen: 1825-1828 80
- Ar ffolineb gwadu Iaith gynhenid 80
- Telyn Cymru 82
- Penillion 83
- Cywydd y Gwahodd 84
- Cwyn ar ôl Cyfaill 86
- Marwolaeth yr Esgob Heber 87
- Seren Bethlehem 93

Treffynnon a Manordeifi: 1828-1840 94
- Cathl i'r Eos 94
- Abaty Tyndyrn 95
- Cân Gwraig y Pysgotwr 96
- Y Ddeilen Grin 97
- Y Môr Coch 98
- Elen y Glyn 99
- Llinellau a briodolir i'r Dywysoges Amelia 100
- Sina a Chalfaria 101

Rhagymadrodd

Bu farw John Blackwell, a gymerodd ei enw barddol 'Alun' o enw'r afon a lifai trwy ei dref enedigol, yr Wyddgrug, yn 43 oed yn 1840. Ni chyhoeddodd gasgliad o'i farddoniaeth yn ystod ei fywyd. Sicrhawyd ei statws fel un o feirdd arwyddocaol ei gyfnod pan gyhoeddwyd *Ceinion Alun*, yn cynnwys detholiad o'i gerddi a'i lythyrau a'i ysgrifau, yn 1851. Golygwyd y gyfrol honno gan Griffith Edwards, 'Gutyn Peris', cydoffeiriad ag Alun o fewn yr Eglwys Sefydledig, a rhan o'r un symudiad llengar o fewn yr eglwys honno. Roedd y cofnod arno yn 'Attodiad' Y Gwyddoniadur Cymreig yn 1879 yn agor gyda'r gosodiad 'bardd a llenor Cymreig rhagorol' ac wrth gloi yn mynegi gofid 'ei fod wedi ysgrifenu mor lleied; o herwydd y mae *Ceinion Alun* yn cynnwys rhai o'r darnau prydferthaf a mwyaf gorphenedig a choeth sydd yn yr iaith Gymraeg'. Yn yr un flwyddyn cyhoeddwyd y cerddi o'r newydd gan Isaac Foulkes yn *Gwaith Barddonol John Blackwell (Alun)*. 'Eos Cymru oedd Alun', meddai Owen M. Edwards yn ei ragymadrodd byr i'r gyfrol *Cerddi Alun* yn 1909, 'yn felys a dwys yr erys ei nodau yng nghlust ei genedl.' Ar y gyfrol honno y seilier yr argraffiad newydd hwn. Ni chollodd ei le yn y canon llenyddol yn ystod yr ugeinfed ganrif, a bron yn ddieithriad cerddi rhydd telynegol o'i waith a gymeradwywyd. Nid syndod yw canfod saith o'i delynegion yn netholiad W. J. Gruffydd, *Y Flodeugerdd Gymraeg* (1931); cynhwyswyd pedair o'i gerddi yn netholiad Thomas Parry, *The Oxford Book of Welsh Verse* yn 1962, yr un nifer yn *Blodeugerdd o'r Bedwaredd Ganrif ar Bymtheg* dan olygyddiaeth Bedwyr Lewis Jones yn 1965, a saith yn netholiad helaethach R. M. Jones, *Blodeugerdd Barddas o'r Bedwaredd Ganrif ar Bymtheg* yn 1988.

Ym Mhonterwyl, yr Wyddgrug, y ganwyd John Blackwell yn 1797, yn fab i löwr, fel Daniel Owen o'r un dref genhedlaeth yn ddiweddarach. Ac fel y nofelydd enwog, bu achos y Methodistiaid Calfinaidd yn y dref yn ddylanwad arwyddocaol ar ei fagwraeth. 'To their Sunday school I am indebted for almost all the education my youthful years were blessed with' meddai yn ddiweddarach. (*Ceinion Alun,* t.80). Daeth ei allu cynhenid uwch na'r cyffredin i'r amlwg pan yn fachgen, ac fe'i hamlygwyd yn ei ddawn fel adroddwr rhannau o'r ysgrythur a ddysgasai ar ei gof, dawn y cafodd cyfle i'w harfer o flaen cynulleidfaoedd y tu allan i'r Wyddgrug. Roedd emynau Williams Pantycelyn hefyd yn rhan o'i repertoire fel adroddwr. Yn 11 oed fe'i prentisiwyd yn grydd gyda William Kirkham, gŵr hoff o farddoniaeth a pharod ei anogaeth i'w brentis i ymroi i'r 'pethe'. Unwaith yr oedd ganddo gyflog dechreuodd John Blackwell brynu llyfrau; cerddai i Gaer, i brynu'r clasuron Saesneg yn bennaf, a dywedir iddo grwydro'r ardaloedd gwledig i chwilio am lyfrau barddoniaeth Gymraeg. Dechreuodd farddoni ei hunan, ond heb fod yn barod i'w cyhoeddi yn syth. Fel ei gyfoedion llengar o gefndiroedd tebyg iddo, darparwyd agoriad a llwyfan i'w ddoniau gan ymchwydd nerthol y wasg gyfnodol Gymraeg, a thwf y cymdeithasau Cymreigyddol a'r eisteddfodau. O safbwynt gyrfa roedd y cyhoeddusrwydd a ddeuai yn sgil llwyddiant eisteddfodol yn aml yn arwain at gyfleoedd ar gyfer nawdd i hyrwyddo addysg neu yrfa. Felly y bu hi yn achos Alun. 1823 oedd ei *annus mirabilis* fel bardd eisteddfodol. Gwobrwywyd ei 'Awdl ar Enedigaeth Iorwerth II' mewn eisteddfod yn Rhuthun ar ddydd gŵyl Dewi; daeth gwobrau eto yn Eisteddfod Caerwys ym mis Mai, ac yn fwyaf arwyddocaol yn ei dref enedigol yn yr hydref, a hynny am awdl ar destun amlwg ei gysylltiadau lleol, Maes Garmon. Gwnaeth argraff ar lywydd yr eisteddfod honno, yr Arglwydd Mostyn, a rhoddwyd cynllun ar waith i'w gefnogi. Ddechrau 1824 aeth at y Parch Thomas Richards yn Aberriw i dderbyn addysg. Trwy'r symudiad hwn daeth i gylch offeiriaid llengar fel Walter Davies ('Gwallter Mechain') a John Jenkins ('Ifor Ceri') a mwynhau cyfeillach ddiwylliannol ddylanwadol yn eu plith, a chyfle i ehangu ei wybodaeth am hen chwedlau ac alawon a cherddi'r Cymry. Gwnaeth gynnydd digonol iddo allu cofrestru'n fyfyriwr ym Mhrifysgol Rhydychen cyn diwedd y flwyddyn. Graddiodd yn 1828 a'i ordeinio yn gurad yn Nhreffynnon y flwyddyn ganlynol. Dechreuodd gyfrannu i gylchgrawn *Y Gwyliedydd*, ond dan ffugenwau. Derbyniodd gynnig i symud i fywoliaeth Manordeifi yn Sir Benfro yn 1833; un o'r pethau cyntaf a wnaeth yno oedd ychwanegu gwasanaeth Saesneg ar y Sul ar gyfer y teuluoedd bonheddig. Derbyniodd wahoddiad yn fuan wedyn i olygu cylchgrawn newydd ar ran y Gymdeithas er Taenu Gwybodaeth Fuddiol; cyhoeddwyd rhifyn cyntaf *Y Cylchgrawn* yn Ionawr 1834. Yma y gwelodd rhai o'i gerddi olau dydd am y tro cyntaf, ac mae'n sicr iddo fod yn gyfrifol am lawer o'r cynnwys. Roedd blynyddoedd o bori mewn llyfrgelloedd a chasglu llyfrau yn sail i'r gyfres 'Dysg yr hen Gymry da' a oedd yn cyflwyno i gynulleidfa newydd gywyddau o'r gorffennol gan Siôn Tudur, Tudur Aled ac eraill.

Mae'r amrywiaeth a geir yng nghanu Alun yn cydfynd â phrif symudiadau ei gyfnod. Mae'r emyn sy'n agor y casgliad hwn ar fesur a fuasai'n ail natur i un a drwythwyd ym mhenillion Pantycelyn, a chynhwyswyd detholiad o'r naw pennill gwreiddiol mewn llyfrau emynau, gan gynnwys Caneuon Ffydd. Yn 1818 y cyhoeddwyd yr emyn yn wreiddiol, a hynny ar adeg o wrthgiliad ysbrydol ym mywyd yr awdur yn ôl John Thickens yn Emynau a'u Hawduriaid. Dyna sy'n esbonio agoriad y pennill olaf: 'Na ddigied neb o'r plant, / Am i mi ganu ar dant / O'u telyn hwy'. Mae'r englynion a luniodd i Gymdeithas Gymreigyddol Caerlleon yn ddadlennol. Y Cymdeithasau Cymreigyddol oedd ysgolion y beirdd, meddai D. Gwenallt Jones yn rhifyn cyntaf *Llên Cymru*, a magodd Alun ddigon o hyder yn ei allu ar gerdd dafod i beri iddo lunio ei awdlau arobryn uchelgeisiol. Ond ni fynnai gael ei gaethiwo gan y mesurau caeth a'i gerddi rhydd a gafodd le yn ein blodeugerddi. Nid ydynt yn syfrdanol o arloesol, yn wir ceir mwy nag un efelychiad a chyfieithiad yn eu plith. Mynnodd Bedwyr Lewis Jones yn Ysgrifau Beirniadol VII mai'r hyn a wnaeth Alun oedd 'parchuso'r canu gwerin a darparu yn Gymraeg farddoniaeth boblogaidd debyg i'r hyn a geid yn y cylchgronau llenyddol Saesneg'.

'Marwolaeth yr Esgob Heber', a enillodd wobr yn Eisteddfod Dinbych yn 1828, oedd ei gerdd fwyaf adnabyddus yn ôl cofnod y *Cydymaith i Lenyddiaeth Cymru*. Mae ei chefndir a'i chynnwys yn ddieithr i ddarllenwyr y ganrif hon; teyrnged ydyw i Reginald Heber (1783-1826), offeiriad eglwysig a oedd yn fardd ac yn emynydd, ac yn genhadol ei ysbryd. Bu farw'n ddisymwth ynghanol ei waith yn yr India. Rhan o apêl y gerdd, fel y dywedodd Gwenallt, oedd bod 'miwsig enwau lleoedd a mynyddoedd yr India... yn fiwsig newydd, dieithr ym marddoniaeth Gymraeg y cyfnod'. Ond ehangwyd apêl a phoblogrwydd hirhoedlog y gerdd gan R. S. Hughes, cerddor o genhedlaeth ddiweddarach, a luniodd alaw hwyliog, fyrlymus yn gyfeiliant i ddetholiad ohoni. Daeth 'Lle Treigla'r Caveri' (geiriau cyntaf y gerdd a ddefnyddiwyd yn deitl) yn ddeuawd boblogaidd tenor/bas a barodd yn ei bri am genedlaethau.

Ond mae'n addas mai 'Cathl yr Eos' sy'n cael y lle blaenaf yn nheitl yr argraffiad newydd hwn o gerddi Alun. Mae'n cynrychioli ei delynegion ac yn enghreifftio rhwyddineb a phertrwydd ei ganu ar ei orau. Ceir y cyfeiriad enwocaf at waith Alun gan fardd diweddarach wrth i R. Williams Parry ddyfynnu llinell ohoni yn 'Y Ffliwtydd':

> 'Mae'n bryd i rywun ruo,
> Mae'r byd i gyd yn duo.
> Eto ni wna'r prydydd gwael
> "Ond canu a gadael iddo." —
> Na'th feier, Fardd.'

Un o'r clwstwr o gerddi lle roedd Williams Parry yn mynnu hawl y bardd i wrthod mantell y bardd ymrwymedig oedd hon; ei swyddogaeth yn hytrach, fel 'brawd i'r eos druan', yw canu am 'hen, hen wae' y ddynoliaeth, ei meidroldeb gwerthfawr brau. Nid mympwyol mo'r dyfyniad; mae un o feirdd mwyaf ei ganrif yn arddel perthynas ag un yr oedd swyn a chrefft ddillyn ei gathl i'r eos yn ei foddhau. Rhoddwn ei le anrhydeddus i Alun yn y symudiad barddol a arweiniodd yn y fan at ganu ysgubol R. Williams Parry ac eraill.

Robert Rhys, 2025

Ynghylch y testun:

Daw'r cerddi yn y gyfrol hon o *Gwaith Alun* (1909) dan olygyddiaeth O. M. Edwards. Mae'r orgraff wedi'i ddiweddaru lle na fyddai hynny'n amharu ar fydr, odl neu gynghanedd.

Yr Wyddgrug: Hyd at 1823

Iddo Ef
Dat. i. 5.

Does testun gwiw i'm cân
Ond cariad f'Arglwydd glân
    A'i farwol glwy;
Griddfanau Calfari,
Ac angau Iesu cu,
Yw 'nghân a 'mywyd i,
    Hosanna mwy.

Paham bu i ddeddf y nef
Ymaflyd ynddo Ef,
    A rhoi iddo glwy?
Fe roddwyd yn y drefn,
Fy meiau ar ei gefn;
Pwy na roi floedd drachefn—
    Hosanna mwy.

Ergydiwyd ato Ef,
Gan uffern, byd, a nef,
    Eu saethau hwy:
Arhodd ei fwa'n gry',
Nes maeddu uffern ddu,
A phrynu 'mywyd i,
    Hosanna mwy.

Caniadau'r nefol gôr,
Sydd oll i'm Harglwydd Iôr
    A'i ddwyfol glwy;
Y frwydr wedi troi,
Ellyllon wedi ffoi—
Sy'n gwneud i'r dyrfa roi
    Hosanna mwy.

O faint ei gariad ef!
Nis gall holl ddoniau'r nef,
  Ei dreiddio drwy:
Mae hyn i mi'n beth syn,
I ruddfan pen y bryn
Droi'n gân i mi fel hyn,
  Hosanna mwy.

Pan ddelo'r plant ynghŷd,
O bedair rhan y byd,
  I'w mangre hwy;
Tan obaith yn ddilyth,
Cael telyn yn eu plith,
I ganu heb gwyno byth,
  Hosanna mwy.

Tra bwyf ar riwiau serth,
Preswylydd mawr y berth,
  Rho'th gwmni trwy;
Mae cofio am y loes
Dan arw gur y groes,
Yn rhyw felyso f'oes,
  Hosanna mwy.

Na ddigied neb o'r plant,
Am imi ganu ar dant
  O'u telyn hwy:
Myfyrio'r tywydd du
Fu ar ein Iesu cu,
A droes fy nghân mor hy',
  Hosanna mwy.

Angau

Englynion a ysgrifennwyd yn ddifyfyr ym mynwent yr Wyddgrug.

Ni foddir (mae'n rhyfeddol)—chwai angau,
    Â chyngor dymunol;
Er wban, griddfan greddfol,
(Uthr in' yw!) ni thry yn ôl.

Er gwaedd mam—er gweddi myrdd,
    Er gwên byd—er gwyneb hardd,
Er sŵn cwyn—er seinio cerdd,
Er ing ffull, mynn angau'i ffordd.

Ni eiriach rai bach rhag bedd—i'r cedyrn
    Rhoir codwn i'r dyfn-fedd;
A mirain feibion mawredd
Ostyngir, siglir o'u sedd.

I'r llaid yr aeth fy nhaidiau—i huno,
    Fu'n heinyf ers dyddiau:
I'r ystafell dywyll dau,
Ryw funud, yr af innau.

Ond cael nod hynod, a hedd—yr Iesu,
    A drws i dangnefedd;
Yn dawel yn y diwedd,
Af i gaban bychan bedd.

Cymdeithas Cymreigyddol Caerllion

Boed llwydd, mewn pob dull addas—a chynnydd
　　I'ch enwog Gymdeithas;
　Heb stŵr, na chynnwr', na châs—
　Geni beirdd heirdd fo'i hurddas.

Bu gannoedd drwy bob gweniaith—addefent,
　　Am ddifa'r Omeriaith;
　Aent hwy i lawr i fynwent laith—
　I fyny safai'r fwyn-iaith.

Heddiw gwelaf na faidd gelyn—er gwŷn,
　　Roi gair yn ei herbyn;
　A dolef gref sy'n dilyn,
　"A lwyddo Duw, ni ludd dyn."

Cur llawer fu Caerllion—y gw'radwydd
　　Sy'n gwrido hanesion;
　Am groesi'r Clawdd hir i hon,
　Brethid calonnau Brython.

　Nawr Cymry gant wisgant wên,
　Chwarddu gânt a cherddi gwin,
　Ceir bri, a chwmni, a chân,
　O fewn Caer heb ofn y cŵn.

Byw undeb, gyda bendith—a daenir
　　O'ch doniol athrylith:
　Gelyn breg, rhwyg rheg rhagrith
　I chwerwi'ch plaid, na chaer i'ch plith.

Dau Englyn
Ar Briodas Mr. P. Williams â Miss Whitley, Broncoed.

Gan Naf eiddunaf i'r ddau—bob undeb,
    A bendith, a grasau,
I fyw'n hir, ac i fwynhau
Dedwyddwch hyd eu dyddiau.

Eirchion y gwaelion heb gelu—pur rad
    Parhaus fo'n defnynnu:
Pob urddawl ollawl allu
Iddyn' ddel—medd Ioan Ddu.

Tachwedd 1821

Hawddamor
Englynion ar agoriad Eisteddfod Caerwys, 1823.

Hawddamor bob gradd yma—orwych feirdd,
    Rhowch fyrddau 'ni wledda;
Lluman arfoll Minerfa
Sydd uwch Caerwys ddilys dda.

Bu Caerwys, er pob corwynt—a 'sgydwai
    Weis cedyrn eu tremynt—
Er braw, anhylaw helynt,
Nyth y gain farddoniaeth gynt.

Troi o hyd mae byd heb oedi—â'n isel,
    Mewn oesoedd, brif drefi;
Rhoes Groeg hen, a'i Hathen hi,
Awr i Gaerwys ragori.

Genedigaeth Iorwerth II

Buddugol yn Eisteddfod Rhuthun, 1823

1. Llais llid Iorwerth

Clywch! clywch! ar hyd lannau Clwyd
Ryw sŵn oersyn o arswyd!
Gorthaw'r don, cerdda'n llonydd,
Ust! y ffrwd—pa sibrwd sydd?
O Ruddlan daw'r ireiddlef
Ar ael groch yr awel gref;
Geiriau yr euog Iorwerth,
O 'stafell y Castell certh;
Bryd a chorff yn ddiorffwys—
Hunan-ymddiddan yn ddwys:
Clywch, o'r llys mewn dyrys dôn,
Draw'n sisial deyrn y Saeson—
"Pa uffernol gamp ffyrnig?
A pha ryw aidd dewraidd dig?
Pa wrolwymp rialyd
Sy'n greddfu trwy Gymru 'gyd?
Bloeddiant, a llefant rhag llid,
Gawrwaeddant am deg ryddid—
'Doed chwerwder, blinder, i blaid
Ystryw anwar estroniaid;
Ein gwlad, a'n ffel wehelyth—
Hyd Nef,' yw eu bonllef byth;
Ac atsain main y mynydd—
Och o'u sŵn!—yn gasach sydd;
'Ein gwlad lân amhrisiadwy,'
Er neb, yw eu hateb hwy.

"Pa les yw fod im' glod glân
Am arswydo'r mawr Sawdan—

Pylu asteilch Palestin,
Baeddu Tyrciaid, bleiddiaid blin;
Troi Chalon wron i weryd,
Ie, curo beilch wŷr y byd—
Os Gwalia wen—heb bennaeth,
A'i mawrion gwiwlon yn gaeth—
Heb fur prawf—heb farrau pres,
Na lleng o wŷr, na llynges—
A ymheria fy mawr-rwysg,
Heb fy nghyfri'n Rhi mewn rhwysg?
Er cweryl gyda'r cewri,
A lladd myrdd, nid llwydd i mi;
Ni fyddaf, na'm harfeddyd,
Ond gwatwar tra byddo'r byd.

"Ha! ymrwyfaf am ryfel,
O'm plaid llu o ddiafliaid ddêl:
Trowch ati'r trueni trwch,
Ellyllon! gwnewch oll allwch.

"I ti, O Angau, heddiw y tyngaf,
Mai am ddialedd mwy y meddyliaf;
Eu holl filwyr, luyddwyr, a laddaf,
Un awr eu bywydau ni arbedaf;
Oes, gwerth, i hyn aberthaf—gwânu hon
Drwy ei chalon fydd fy ymdrech olaf.

2. Dichell Iorwerth

"Ha! ha! Frenin blin, i ble
Neidiodd dy siomgar nwyde?
Oferedd, am hadledd hon,
Imi fwrw myfyrion;
Haws fydd troi moelydd, i mi,
Arw aelgerth, draw i'r weilgi,
Nac i ostwng eu cestyll,
Crog hagr, sef y creigiau hyll.

"Oni ddichon i ddichell,
Na chledd na nych, lwyddo'n well?
Rhyw ddu fesur ddyfeisiaf—
Pa ystryw ddwys, gyfrwys gaf?
Pa gais? Pa ddyfais ddifêth
Gaiff y budd—ac â pha beth?

"Nawr cefais a wna'r cyfan—
Mae'r meddwl diddwl ar dân;
Fy nghalon drwy 'nwyfron naid,
A llawenydd ei llonaid;
Gwnaf Gymru uchel elwch,
I blygu, a llyfu'r llwch:—
I wŷr fy llys, pa'nd hysbyswn
Wiw eiriau teg y bwriad hwn?"

A chanu'r gloch a wnâi'r Glyw,
Ei ddiddig was a ddeddyw—
"Fy ngwas, nac aros, dos di,
A rhed," eb ei Fawrhydi—
"Galw ar fyrr fy Mreyron,
Clifford hoew, Caerloyw lon;
Mortimer yn funer fo,
A Warren, un diwyro."

Deuent, ymostyngent hwy
I'w trethor, at y trothwy:
O flaen gorsedd felenwawr
Safai, anerchai hwy'n awr—

"Cyfeillion bron eich Brenin,
A'i ategai'r blwyddau blin—
Galwyd chwi at eich gilydd
Am fater ar fyrder fydd;
Gwyddoch, wrth eu hagweddau,
Fod llu holl Gymru'n nacau
Ymostwng, er dim ystyr,
I'm hiau o gylch gyddfau'u gwŷr;
Ni wna gair teg na garw—
Gwên, na bâr—llachar, na llw,
Ennill eu serch i'm perchi,
Na'u clod i'm hawdurdod i:
Ni fynnant Bôr, cynnor cain,
Ond ohonynt eu hunain;
Ganedig bendefig da,
O'u lluoedd hwy a'u llywia:—
Ond cefais, dyfeisiais fodd,
O dan drais, i'w dwyn drosodd;
Ac i mi gwnânt roddi rhaith,
Ac afraid pellach cyfraith;
Rhoi llyffethair â gair gaf—
Gair Gwalia gywir goeliaf:—
Yn rhywfodd, ni ddysgodd hon
Er lliaws, dorri llwon:
Elinôr, lawen araf,
Mewn amhorth yn gymorth gaf;
Mererid i'm Mreyron
I'w cais pur trwy'r antur hon."

Traethai'r Brenin, gerwin, gau,
Ar redeg ei fwriadau;
A'r Cyngor wnâi glodfori,
Mor ddoethwedd rhyfedd eu rhi,
A'i ddihafal rialyd,
Mewn truthiaith, gweniaith i gyd.

Yna'r arglwyddi unol
A gilient, nesent yn ôl,
Gan grymu pen i'w Brenin,
Laig ei glod, a phlygu glin.

3. *Ufudd-dod y Frenhines.*

E geisiai frys negesydd
Yn barod, cyn darfod dydd—
A gyrrai, ar farch gorwych,
I'r brif-ddinas y gwas gwych,
A gofynaig i'w Fanon,
A gair teg am gariad hon:
Y lonwech bur Elinawr
Serchog, oedd yn feichiog fawr;
Gofynnai a hwyliai hon,
Gryn yrfa, i Gaernarfon,
Ar fyrder, fod mater mawr
I'w ddisgwyl y dydd esgawr.

O fodd ufuddhaodd hon,
Iach enaid, heb achwynion;
Dechreuai'r faith daith, 'run dydd,
Mewn awch, a hi'n min echwydd;
Gwawl lloer, mewn duoer dywydd,
A'i t'wysai pan darfai dydd;

Oer y cai lawer cawod,
Cenllysg yn gymysg ag ôd;
Anturiai, rhodiai er hyn,
Trwy Gwalia, tir y gelyn;
Er ymgasgl bâr o'i hamgylch,
A'i chell yn fflamiau o'i chylch—
Ni wnâi hon ddigalonni,
Mor dêr oedd ei hyder hi;
(Ow! ow! 'n wir beri'r bwriad
Tra glew, er dinistrio gwlad)—
Daeth, wrth deithio o fro i fryn,
Y faith yrfa i'w therfyn.

A'r deyrnes gynnes, heb gêl
Yn ddiegwan ddiogel;
Rhoes Iorwerth eres warant—
Ae rhingyll i gestyll, gant,
Am alw cydymweliad
Brenin ac arglwyddi'n gwlad:
Rhuddlan oedd y fan i fod
Hygof erfai gyfarfod;
I dorri rhwystrau dyrys
Y gelwid, llunid y llys:—
D'ai'r eurfig bendefigion
O amryw le 'Nghymru lon;
Yno y daeth yn y dydd,
Gwalia o gwr bwygilydd.

Ond oedai Edward wedyn
Eu galw i'r llys, hysbys hyn;
Disgwyliai â dwys galon—
Heb gau ei amrantau 'mron,
I'w fanon wirion, arab,
Ar awr ferth, esgor ar fab.

Harddai y lle—rhoi fwrdd llawn,
A gosod rhyw esgusiawn;
Ond er yr holl arfolli
Holl blaid ein penaethiaid ni
Ni charent y gwych aeron—
Y dawnsiau a'r llefau llon:
Y morfa llwm a hirfaith,
Lle berw ton, oedd llwybr eu taith,
A myfyrient am fawrion
Aeth mewn cyrch dan dyrch y don—
Y glewion, enwogion wŷr
Laddwyd, a'r prif luyddwyr:
Rhodient pan godai'r hedydd
Fel hyn, hyd i derfyn dydd;
A'u dyddiau oll fel diddim,
Synnent, ond ni ddwedent ddim:
Wedi egwyl ddisgwyliad,
O fewn eu bron daeth ofn brad—
Sŵn, fal rhwng sisial a sôn,
"Llawrudd a chyllyll hirion;"
'Roedd gwaelod y trallod trwch,
I wŷr Gwalia'n ddirgelwch.

4. *Geni Tywysog.*

Wele! o'r diwedd, ar ôl hir dewi,
Deuai i Iorwerth genadwri
O Gaersalwg—gwnâi ei groesholi—
Yna ei holl anian oedd yn llonni
Hyd grechwen, pan glywodd eni—bachgen
Ag aur wialen a gâi reoli.

Ac yna a'i utganwr
A'i gorn teg i gern y tŵr:
Galwyd arglwyddi Gwalia, ar unwaith,
Ar heng hirfaith i ddod i'r gynghorfa.

Pob rhyw gadr waladr oedd
Yn esgud yn ei wisgoedd;
Distain wnâi iddynt eiste
Bob yn lwyth—bawb yn ei le:
Deuai'r Ynad di-rinwedd,
Mewn parchus, arswydus wedd;
Mewn rhwysg a muner-wisgoedd,
Coron ar y corryn oedd;
A gwyneb yn llawn gweniaith,
O drefn y dechreuai draith.

"Fy neges, brif enwogion,
A glywiau teg y wlad hon—
Nid ydyw i wneud adwyth,
Dwyn loesion llymion yn llwyth—
I fygwth clwyf a gwaith cledd,
Nac i lunio celanedd;
Ond o fwriad adferu
Eich hyfol barch fel y bu;
Cymru ben baladr ffladr fflwch
Heddiw sydd eisiau heddwch;
Rhoddi Llywiawdwr addwyn,
Nwyfre maith, wnaf er ei mwyn;
Un nas trina es'roniaith,
Na sŵn gwag Seisonig iaith;
Fe'i ganwyd ar dir Gwynedd,
Dull Sais, na'i falais, ni fedd;
Addefir ef yn ddifai—
Ni ŵyr un fod arno fai:
Yn fwynaidd gwybod fynnwn,
Beth wnewch? Ufuddhewch i hwn?"

* * * * *

   Cydunent, atebent hwy—
"Ymweledydd mawladwy,
I'n cenedl rhyw chwedl go chwith
Ydyw geiriau digyrrith;
Cymru wech—nis cymrai hon
Lyw o astrus law estron;
Ond tynged a brwnt angen,
A gwae ei phobl, blyga'i phen:
Llîn ein llon D'wysogion sydd
'Leni mewn daear lonydd:
Rho di'r llyw cadarn arnom
A dedwydd beunydd y b'om:—
Enwa 'nawr, er union waith,
Y gŵr del wisga'r dalaith,
'Nôl cyfraith, fel b'o rhaith rhom,
Na thyrr ing fyth awr rhyngom:
Ie, tyngwn, at angau,
Yn bur i hwn gwnawn barhau."

Fulion! Ni wyddent falais,
Dichellion, na swynion Sais.
   Dwedai'r blin Frenin ar frys—
"Felly ces fy ewyllys,
Doe y daeth, megis saeth, sôn
Yn erfai o Gaernarfon,
Fod mab rydd wynfyd i mi,
Nawdd annwyl, newydd eni;
A hwn fydd eich llywydd llon,
A'ch T'wysog enwog union:
Dal a wnaf, nes delo'n ŵr,
Drethi eich llywodraethwr;
Bellach, y bydd sarllach Sais,
Mawr ddilwrf Gymry ddeliais."

Gwelwent, a safent yn syn,
Ymhleth ddiachreth ddychryn;
A phob boch oedd yn brochi—
Tro'i brad aml lygad i li.

5. *Araith Madog.*

Ebai Madog, enwog ŵr—
"Ha! rymusaf ormeswr!
Tybiais falch wawrwalch lle'r êl,
Wir awch, yn ŵr rhy uchel,
I lochi brad dan lech bron,
A challawr i ddichellion:
Ond ni wnei gu Gymru'n gaeth,
Bro dirion, â bradwriaeth;
Ni phryni serch prid, didwyll,
Ac odiaeth hon, gyda thwyll:
Os gall dy frad ddwyn gwlad glau
I gur a chwerw garcharau—
Nis gall dy ewin-gall wau
Rhwym a ddalio'r meddyliau:
A oedd cochi perthi'n pau,
A llawruddio'n holl raddau—
Ein llyfrau, a'n gotau gwaith—
A'n hanheddau ni'n oddaith,
Y teryll aer—torri llw,
A'r brad ger Aberedw—

Ow! ow! yn ddiwegi ddim yn ddigon,
I ddangos, i aros i oes wyrion,
Fel rhyw anhawddgar ac afar gofion
Mai marwor meryw yw ystryw estron?

Ond am y wlad, deg-wlad hon—gwybydd di,
Rhaid iti ei cholli, er dichellion.

   "Os yw breg gwgus, a braw,
   Fal wedi dal ein dwylaw,
   Daw ail gynnwrf, dilwrf da,
   I drigolion dewr Gwalia;
   Codwn, arfogwn fagad,
   O wrol wych wŷr y wlad;
   Mewn bâr y bonllefa'r llu
   'Camrwysg ni oddef Cymru—
   Rhi o'n huchel wehelyth,
   Cymro boed i'r Cymry byth!'
   Ni chaiff Sais, trwy ei drais, drin
   Iau ar war un o'r werin!
   Daw'r telynau, mwythau myg,
   Ddewr eu hwyl, oddiar helyg;
   Rhed awen, er id wahardd,
   Cerdd rhyfedd rhwng bysedd bardd;
   Gwnânt glymau a rhwymau rhom,
   Enynnant y tân ynom;
   Dibrin pawb oll dadebrant—
   Heb ochel, i ryfel 'r ânt;
   A'n mynwes yn lloches llid,
   Ein harwyddair fydd 'Rhyddid!'

"Ag arfau ni wna'n gorfod
Tra'n creigiau a'n bylchau'n bod;
Cariwn mewn cof trwy'r cweryl,
Ymhob bwlch, am Thermopyl;
Gwnawn weunydd a llwynydd llon,
Mawr hwythau, fel Marathon;
Yn bennaf llefwn beunydd—
'Marw neu roi Cymru'n rhydd?'

"Os colli'n gwlad, anfad wyd,
O'r diwedd dan ruddfan raid—
Yn lle trefn, cei pob lle troed,
Wedi ei gochi â'n gwaed;
Trenga'n meibion dewrion dig,
A llawryf am y llurig.

"Yn enw Crist eneiniog—ymroddaf
    Am ryddid ardderchog;
A'r un Crist fu ar bren crôg,
Ni ymedy â Madog."

    E daw ar hyn—d'ai ar ôl
Ryw ddistawrwydd ystyriol.
Ac Iorwerth, ar y geiriau,
Fel llew dig ffyrnig mewn ffau;
Malais y Sais, echrys wg,
A welid yn ei olwg.

6. *Tyb Euraid Ap Ifor.*

O ryw fuddiol arfeddyd—rhoi'n rhagor
Euraid Ap Ifor ei dyb hefyd—

"Hyf agwrdd bendefigion,
Rhy brysur yw'r antur hon;
Ar furiau tref, ai rhaid trin
Anhoff astalch a ffestin?
Mae llid yn fy mron hynaws,
At Saeson, a'u troeon traws;
Ond serch, a glywserch i'm gwlad,
O'm calon a rwyddlon red;
Na ato fyth, etwa fod

Neint hon yn gochion i gyd—
Arafwn—o'r tro rhyfedd
Hwyrach cawn, y mwynhawn, hedd;
E ddaw ergyd ddiwyrgam,
Lawn cur, i ddial ein cam;
Ac hefyd dylid cofio—
Er prudded, trymed y tro—
Er angau'r gair fu rhyngom,
'R amodau, rhwymau fu rho'm:
Pan roddo Gymro y gair,
Hwnnw erys yn wir-air;
Ei air fydd, beunydd heb ball,
Yn wir, fel llw un arall:
Ein hynys hon i estron aeth,
A chyfan o'n gwiw uchafiaeth;
Ond ni throes awch loes, na chledd,
Erioed mo ein hanrhydedd;
A'n hurddas a wnawn arddel,
Y dydd hwn, a doed a ddêl:
Ein hiawn bwys yn hyn, O bid,
Ar Dduw a'i wir addewid.
Duw a'n cyfyd ni, cofiwn,
Y diwedd, o'r hadledd hwn;
Heddiw, oedwn ddywedyd
Ein barn, yn gadarn i gyd;
Profwn beth dd'wed ein prif-fardd—
Gwir iawn bwyll yw geiriau'n bardd;—
Pa lwyddiant, yn nhyb Bleddyn,
A ddigwydd oherwydd hyn?"

Amneidient mewn munudyn
Ar yr ethol ddoniol ddyn—
Yna, a phwys ar ben ei ffon,
Y gwelid y gŵr gwiwlon:

Ei farf fel glân arian oedd—mewn urddas,
Cyrhaeddai hon wasg ei wyrddion wisgoedd;
Yn null beirdd, enillai barch—ar bob peth
E ddygai rywbeth hawddgar a hybarch.

7. Proffwydoliaeth Bleddyn.

D'wedai, agorai'r gwir-air—
"Clyw frenin gerwin, y gair!
'R hyn ddaw, trwy fy llaw i'r llys,
Duw y dynged a'i dengys;
Am ennyn aer mwy na neb,
Troi a chynnal trychineb,
Gwneud ochain yn seilfain sedd—
Rhoi dy wersyll ar d'orsedd!
Am ddifrodi, llosgi, lladd,
Brad amlwg, a brwd ymladd;
A rhoi bro, mewn taro tynn,
I wylo am Lywelyn:—
(Iachawdwr a braich ydoedd,
Ac anadl ein cenedl oedd;)
Fel y rhoist gur, mesur maith,
Y telir i ti eilwaith.
O! Trochaist lawryf mewn trwch-waed,
Dy arlwy wrth Gonwy oedd gwaed.
Hwn geraist yn lle gwirawd—
Bleiddiaid sy'n ffoi rhag cnoi cnawd.

Y mae maith och mam a thad,
Gwaedd a chur gweddw a chariad—
A main lle mae ymennydd
Llawer dewr, a gollai'r dydd—
Temlau, ac anheddau'n wag,

Yn rhoi manwl air mynnag—
I un gwrdd ddwyn gwan yn gaeth—
Iddo gael buddugoliaeth:
Ond llion mawrion am hyn
O ddialedd a ddilyn.

"Awr na feddyli, daw'r nef ddialydd,
Dy waed oera ar dywod y Werydd;
Cydwybod lwfr wna dwfr cyn y derfydd,
Hon a'th boena—gyrr ddrain i'th obennydd;
Caiff Brython gwirion dan gerydd—fyw'n llon,
Eu muriau'n llawnion, a marw'n llonydd.

"A gwaeth nac oll a wnaethost,
Mewn du far mynni dy fost—
Gwenaist pan gwelaist galon
Wiw a phur ar wayw-ffon!
Ti ddi-gred, ni roist ddeigryn
Yn y lle yr wylwyd llyn!
Llanwaist gron goron â gwaed,
Ac arall ŷf y gorwaed!
Clyw'n sŵn!—mwd Bercley'n seinio,*
Dychryn i'w ganlyn ac O!
Marwol loesion bron Brenin,
Tan grafangau bleiddiau blin.
Hyfryd dduwiesau Hafren,
Pan glywant a wisgant wên.

Daw blwyddau llid a bloeddiad,
Du hin, ar warthaf dy had!
Clyw! ddolefau, briwiau bron,

---

* *Mwd Bercley:* Cyfeiriad yw hwn, a'r Tŵr Gwyn yn y pennill nesaf, at gastell Berkley, lle llofruddiwyd Iorwerth II yn 1327. Mae traddodiad yn ddyddiedig i'n fuan ar ôl y digwyddiad y gwnaethpwyd hyn drwy ei drywanu yn ei anws â phocer poeth; fodd bynnag nid yw haneswyr cyfoes yn ystyried hyn yn debygol.

O'r Tŵr Gwyn mae'r taer gwynion;
Dy hilion, mewn du alaeth,
O dan gudd, leiddiaid, yn gaeth!
A mynych gwna cromenni
Y Tŵr cras watwar eu cri:
Ni adewir o'r diwedd
Ŵr o dy sil ar dy sedd.

"Ha! ha! 'r dwyrain egyr ei dorau—
Ai cwrel sydd yn lliwio cyrrau
Creigydd, moelydd, a du gymylau?
Nage, gwawrddydd glân, eirian oriau,
Wiwber annwyl sydd ar y bryniau;
Gwelwch Gymru ar fynydd golau,
A'n iach wyrion o'i chylch yn chwarae,
(Rhos sy' o danynt ar sidanau)
Hust! ust! ust!—mae'n dyfod i'm clustiau,
Gathl enwog oddiar ei thelynau—
Cerddorion a Beirdd, heirdd eu hurddau,
Yn dorf bloeddiant—'Wi! Darfu blwyddau
Yr ochain anwar a chynhennau;'—
Par y dôn i'm hysbryd innau—roi llam,
Mwy e grychneidia'm gorwych nwydau.

"Daw dyddiau mâd a diddan,
A mawr lwydd i Gymru lân;
Dyddiau bwrcaswyd iddi,
Ar dy ddichell dywell di;
O Dduw Nêr daw'r hoywder hwn,
I'n Duw eilchwyl diolchwn:
Derfydd amser blyngder blin,
Curo tymhestlog gerwin.
Daw hinon a daioni
O dy drais, na thybiaist ti;
Bydd cof mewn gwledd am heddiw,

A chlod am it' fod yn fyw:
Iach amrant Lloegr a Chymru,
Daw'r ddwy-wlad mewn cariad cu;
Yna'n y ddwy mwy ni ddêl,
I'w trefi helynt rhyfel;
Un llys fydd drwy'n hynys hon,
Una'i gwŷr dan un goron;
Unant nerth, rhag rhyferthwy,
Un reddf ac un ddeddf i'r ddwy;
Un Duw arnynt, un deyrnas,
Un lluoedd, un floedd, un flas:
Gwelaf Frython—'rwy'n llonni,
Yn eistedd ar d'orsedd di![*]
Ac o ystlys a gwestle,
Y gyllell hir gyll ei lle:
A o gof ymladdau gant,
Eu hing hefyd anghofiant;
Cant gyd-fwynhau breintiau braf,
Law-law i'r genedl olaf:
Lle gwelwyd twyll a galar,
Echrys boen, a chroes a bâr—
Rhinwedd welir a hinon,
Gwenau, a bonllefau llon;
Rhyfela dry'n orfoledd,
Sgrechiadau yn hymnau hedd.
Ar eirian fro Eryri,
Ei chreigiau a'i hochrau hi—
Lle mae trigfa'r bâr yn bod,
A dwyn arfau dan orfod;—
Lle gwelir llu y gelyn,
A'u bloedd hell, y blwyddau hyn—
Anhirion elynion lu,
A'u tariannau'n terwynnu;—
Anianawl serch yn ennyn,

---

[*] Cyfeiriad at Harri Tudur, yn amlwg.

A ffoi at y gwayw-ffyn;—
Tyf breilos, a rhos di-ri',
Ar hon, a'r loyw lili;
Eos fydd bob dydd yn dod
I fryn, yn lle cigfranod:

"Ar y llethri a'r tyli telaid,
Tybiaf y gwelaf y bugeiliaid,
Lwythau dofion, ymhlith eu defaid,
Tarfant a chanant ffwrdd ochenaid,
Llamsach ŵyn bach yn ddibaid—mor ddifyr,
Chwim a mygyr gylch y mamogiaid.

"Lle codwyd bwyeill cedyrn,
Bydd twmpathau chwarae chwyrn;
Dawnsio pan y darfo y dydd,
A thelyn ar frith ddolydd:
I'n hynys, pan ei hunir,
Daw tawelwch, heddwch hir;
A chywir heddwch a rhyddid
Wneir y dydd hwnnw yn aur did;
Ar wddwf Cymru rhoddir
Y gadwyn hon i gadw'n hir;
Y drefn gaeth wriogaethol,
Mwya'i nerth, a i ddim yn ôl;
Bydd un gyfraith, 'run rhaith rhawg,
I lwyth isel, a Th'wysawg:
Iraidd wiwlon rydd-ddeiliaid,
Ri'r gwlith, yn eu plith o'u plaid;
Colofnau y breintiau bras,
A chadarn-weilch y deyrnas;
Ar bob mater a cherydd,
Rheithwyr yn farnwyr a fydd:
'R un fro wnaeth gwyar yn frith,
O dda gynnyrch ddwg wenith;

Cod yr amaeth, cydia'i rwymau,
Cain reolau, cyn yr heulwen;
Deil waith odiaeth, dôl a thidau,
Iau a bachau lle bo ychen;
Teifl yr hadau—llusga'r ogau,
Egyr ddorau gwâr ddaearen,
Er cael cnydau, yn eu prydiau,
Rhag i eisiau rwygo asen.

"Esmwytho nos amaethydd,
Heddwch, diofalwch fydd—
Y daw gelyn di-gwilydd
I'r berllan, na'r ydlan rydd;
Ac ni raid braw daw un dydd,
Ryw ormeswr i'r meysydd,
Neu Fodur cryf i fedi
'Nol anferth drafferth i drin:
Tybia'i wlad yn Baradwys—
Dyry gainc wrth dorri'i gwys
A swch fuasai awchus
Gleddyf un dewr hyf di-rus;
Ymaith ar unwaith yr a,
Uwch ei boen y chwibiana.

"Ac anterth cymer gyntun,
Heb i ofal atal hun;
O hyd yn ddiwyd ddi-arf
Heb fod dan orfod dwyn arf
Heb elynion o Gonwy
O fewn maes i'w hofni mwy.

"A thew ffrwyth âr
    Gwena'n gynnar;
Daw mawnog, gallt, a mynydd,
A bronnydd, yn dir braenar.

"Y ddwy wlad cyd-addolant,
Cyd foli'r Iôn union wnânt;
Rhont glodydd i'w Dofydd da,
Law-law mewn Haleliwia:

"Yna y tyf yn y tir
Bob helaeth wybodaeth bur,
O ddirgelion meithion môr,
Daear, a'i sail, hyd i'r sêr.

"Helicon pob ffynnon ffel,
Parnassus pob bryn isel:
Eu rhyfedd faner hefyd
Achuba, orchfyga fyd;
O Gressi'r maes hagr asw,
I antur lân Waterlŵ:
Ac y diwrnod cadarnwych
Bydd y deyrnas addas wych
Heb ei bath, heibio i bob
Un arall o fewn Ewrob;
Rheola mewn rhialyd
O begwn i begwn byd."

    Gyda bloedd, gweda Bleddyn,
"Y nefol Iôr wna fel hyn,
Fore tawel o frad tywyll,
A llewyrcha o'r ddichell erchyll:
Molwn Dduw y Nef, gan sefyll,
Yna pawb a awn i'n pebyll."

Llwydd Groeg

Awdl ar fuddugoliaethau diweddar y Groegiaid ar y Tyrciaid, sef awdl fuddugol Eisteddfod Caerfyrddin, 1823.

Llwydd, llwydd, fwyn arwydd, i fanerau—Groeg,
   Hir rwyged ei llongau
    Bob rhes o lu gormes gau,
    Drwy'r moroedd draw a'r muriau.

"A llwydd gyfarwydd a fo
I'w Rhyddid, yn eu rhwyddo:
Na lanwed yn oleuni,
Cafn y Lloer* uwch cefn y lli';
Ond isel, isel eisoes
Drwy gred ymgrymed i'r Groes.

A thra ton, Marathon, a muriau,
A rhin milwyr yr hen ymylau,
A gaent ffyniant gynt a hoff enwau,
O'u iawn barodrwydd, yn eu brwydrau,
Gwasgarer, gyrrer dan gaerau—yn haid,
Weis Soldaniaid, isel eu doniau."

   Fel hyn o bob dyffryn deg,
   Ac ynys a gylch gwaneg;
   O'r tyrau muriau mawrion,
   Mannau dysg a min y don—
   Y glau Awen a glywodd
   Y llais, a'r adlais a rodd
   Groeg hen, yn gwirio cynnydd
   Ei golau ddawn ac ail ddydd.

---

* Yr arwyddair dan Loer arian y Twrc yw,—"Nes llenwi holl ddaear."

Ar ystlysau ei mynyddau,
A'i ffynhonnau hoff yn unol,
Gwelwyd chwithau, a'ch telynau,
Hen dduwiesau hoen ddewisol;
Yn galw o'i nych i'w golau'n ôl—eich gwlad,
Ac iawn fwriad, a gwe anfarwol.

Ac wrth wych adlais, a gwyrth eich odlau,
Cysgodolion y diwydion dadau,
Yr aml areithwyr, y milwyr hwythau,
Gwŷr fu o ddi-nam ragoraf ddoniau,
A neidiant, beiddiant o'u beddau—a'u plant
A iawn gynhyrfant hwy i gain arfau.

   Mae Pindar, oedd gâr gorwyllt,
   A dawn ei gân o dân gwyllt;
   Tyrtæus yn troi tuedd,
   I roi clod i wŷr y cledd:
   "O! meddant, "p'le mwy addien,
   Yn gwr coedd, nag yw'n Groeg hen?
   Ein gwlad fwyn, o glod a fu,
   Unwaith, yn mawr dywynnu,
   Eto'i gyd ydyw a'i gwedd,
   A'i rhannau yn llawn rhinwedd:
   Ym mro bon y mae hir haf,
   Bêr awel a byr aeaf.
   Yr haul y sy'n rheoli,
   Heb roi haint, ar ei bro hi;
   Mae nos, yn ei mynwesydd,
   Megis chwaer ddisglair i ddydd;
   Aml y lle, ym mol ei llawr,
   A mannau'r harddaf mynawr;
   Hemætus felys y fydd,
   A diliau mêl ei dolydd;
   A'i ffrwythydd gwinwydd, fal gynt,

Di-odid mai da ydynt.
Holl natur bur heb wyro,
Sy'r un fraint i'r seirian fro,
A phan oedd, yn hoff ei nerth,
Briod-fan pob dawn brydferth.

"Yma gwir Ryddid, a'i mŷg aur roddion,
Sef celfyddydau a doniau dynion:
Rhin a roi eil-oes i'r hen wrolion,
A gair odiaethol i'w gorau doethion,
A wnaent gynt i helynt hon—anrhydedd,
Ŷnt (ddi-hoff agwedd), o tan ddiffygion."

Wrth eu haraith, effaith ddig,
Dawn y wlad, yn weledig,
Fel ysbryd tanllyd o'u tu,
A wnâi'n anadl enynnu—
Gan ddangos, yn achos Nêr,
A'i fendith, a'i gyfiawnder,
Y mawr fri o dorri'r dîd,
I ymroddi am Ryddid.

Pwy ar alwad, a piau wroliaeth,
Ni ddaw i'w dilyn, a nawdd o'i dalaith,
A rhin fel arwyr yr hen filwriaeth,
Draw a hwylient i Droea ehelaeth,
Os y goll o Ryddid sy' gwaeth—na'r hen
Golled o Helen, gâi hyll hudoliaeth?

Hen anghrist, un athrist oedd,
O'r tu arall i'r tiroedd,
A gododd—gwaethodd drwy'r gad,
Ar filoedd i'w rhyfeliad:
Un oedd o'r rhai aneddant
Uffern boeth yn ei ffwrn bant—

Hoffai lid a gofid gau,
A'i llwydd ydoedd lladdiadau;
Seirff tanllyd, gwaedlyd eu gwedd,
Gwenwynig, (gwae anhunedd)
Ei gwallt oedd—a gwyllt eiddig,
Rhag hedd oedd dannedd ei dig;
Ei llygaid yn danbaid des
Oedd uffernol ddwy ffwrnes;
A'u sylwedd, o'r iseloedd,
A'u mawr lid, tra marwol oedd.

O! pa ryfel, a'i uchel ochain,
Dial a'i ofid, a dolefain,
O'i chodiad irad yn y Dwyrain,

'Fu'r un baich i fawrion a bychain;
Baban a mam (un ddamwain) lle cafodd,
Dieneidiodd o dan ei hadain.

Ond Duw'r hedd o'i ryfedd rad,
Yn 'diwedd, roi wrandawiad
I'w blant—pan godent eu bloedd,
Dan ofid hyd y nefoedd:
O Scio wylo, alaeth,
I'w glustiau'n ddiau a ddaeth;
A rhoes, Iôr y Groes, ar gri,
Dyst eirian o'i dosturi;
D'ai'n gymorth, da borth di-baid,
Nes i ryw'r Nazareaid,
Rai marwol, er eu muriau,
Ac erfyn eu gelyn gau.

Angylion, genhadon gwynion gannoedd,
Gyrrai i'w llywio, y gorau lluoedd,
Rhwygent y muriau, rhoi gwynt y moroedd
I'r ddi-ofn daran, hwyl ar ddyfnderoedd,
Llu'r Proffwyd dan arswyd oedd—pan welent,
Hwy draw a gilient i eu dirgeloedd.

    Yn awr (a Duw'n ei wiriaw)
    Golygwn ddwthwn a ddaw—
    Pan deflir, lluchir i'r llawr
    Ddu arfog anghrist ddirfawr;
    A phan gair, yn hoff ei gwedd,
    Gaer enwog i'r gwirionedd:
    Drwy reol gwydrau'r awen,
    Draw'r llwydd a welaf drwy'r llen;—
    Llwydd oesoedd lluoedd Iesu,
    Pan gânt y feddiant a fu
    O ddiwall wlad addewid,
    Heb gaethder, llymder, na llid.

Gyrr y Dwyrain, ac oer ia diroedd
Y dwfn eira, eu di-ofn yrroedd;
Gyrr y Deau hithau ei hieithoedd,
A Gorllewin ei gorau lluoedd;
Un fwriad a niferoedd—y fawr-blaid
O Groesadiaid, ac eres ydoedd.

Bydd ar dyrau Salem furiau,
Y banerau yn ben arwydd,
I'r tylwythau, ar eu teithiau
I le'u tadau, olud dedwydd;
Ar Fosciaid y blaid heb lwydd—dyrchefir
Ac eres welir y Groes hylwydd.

A thi, Roeg, a'th ddaear wych,
A'th awyr brydferth hoew-wych,
A welir eto eilwaith,
Fel gynt, er rhyfelog waith,
Yn llwyddo'n fronlle addysg,
A lle llawn pob dawn a dysg;
Byddi, heb nam, yn fam faeth
I rinwedd—i wroniaeth—
I ddidwyll gelfyddydau,
Pob llwydd, a wna pawb wellhau;
I bob mâd gariad gwladawl,
A fu gynt dy fwya' gwawl.

Ac iawn adferir, gwn, dy furiau,
Dy awen, llwynydd, dy winllannau,
Dy brif-ysgolion, dirion dyrau,
Lleoedd doethion ddynion o ddoniau;
Sparta hen, Athen hithau—a gant lwydd,
A fydd ddedwydd o gelfyddydau.

Darlunir hyd ar lenni,
A mynnir, gwn, o'th meini
Gelfyddyd byd heb oedi;
Y dynion a adweini,
Yn rhediad eu mawrhydi,
Yn eil-oes, gwn, a weli;
Eu cerf-ddelwau, lluniau llawn,
Fodd union, a feddieni.

Llwydd, llwydd, a dawn rwydd, dan ryddid—eto
    Iti a chalondid:
   Yn y byd hwn, na boed tid
   Dan nefoedd yn dynn ofid.

Ond aed (ac O! nad oeded)—lywodraeth
　　Ddi-ledryw gwlad Alffred,
　　　A'i moliant i ymweled
　　A thir y Gryw, a thrwy Gred.

Y Rhyddid sydd gyd-raddawl—oll hydrefn
　　A llywodraeth wladawl,
　　　Sydd dda;—a chyd-gerdda gwawl
　　Gair yr Iesu, gwir rasawl.

A llwydd Dduw iddi, a lleoedd heddwch,
Gyrred allan o'i gaerau dywyllwch:
I ni y mae digon yma o degwch
Gael in', a'i hurddas, Gwalia'n ei harddwch;
Nes troi'n glynnau'n fflamau fflwch—a'n creigiau,
Llonned ei dyddiau'n llên â dedwyddwch.

Dafydd Ionawr

Englyn o fawl i'r Bardd clodwiw am ei ymdrechiadau haeddbarch i ddiddyfnu yr Awen oddi wrth ffiloreg a sothach, a'i chysegru i wasanaeth rhinwedd a duwioldeb.

　　Yr Awen burwen gadd barch—unionwyd
　　　Gan Ionawr o'i hamharch;
　　　Hefelydd i glaf alarch
　　A'i mawl yw yn ymyl arch.

Rhywun

Clywais lawer sôn a siarad
  Fod rhyw boen yn dilyn cariad;
Ar y sôn gwnawn innau chwerthin
  Nes y gwelais wyneb Rhywun.

Ni wna cyngor, ni wna cysur,
  Ni wna can mil mwy o ddolur,
Ac ni wna ceryddon undyn
  Beri im' beidio caru Rhywun.

Gwyn ac oer yw marmor mynydd,
  Gwyn ac oer yw ewyn nentydd;
Gwyn ac oer yw eira Berwyn,
  Gwynnach, oerach, dwyfron Rhywun.

Er cael llygaid fel y perlau.
  Er cael cwrel yn wefusau,
Er cael gruddiau fel y rhosyn,
  Carreg ydyw calon Rhywun.

Tra bo clogwyn yn Eryri,
  Tra bo coed ar ben y Beili,
Tra bo dwfr yn afon Alun,
  Cadwaf galon bur i Rywun.

Pa le bynnag bo'm tynghedfen,
  P'un ai Berhiw ai Rhydychen,
Am fy nghariad os bydd gofyn,
  Fy unig ateb i fydd—Rhywun.

Caiff yr haul fachludo'r borau,
  Ac a moelydd yn gymylau—
Gwisgir fi mewn amdo purwyn
  Cyn y peidiaf garu Rhywun.

Llinellau

Ar Enedigaeth Cynfab Mr. a Mrs. E. Parry, Caerlleon, a anwyd Mehefin 16eg, 1823.

Henffych amhrisiadwy drysor,
    Blaenffrwyth y serchiadau mad;
Ni fedd natur bleser rhagor
    Na theimladau mam a thad.

Wrth olygu'th wyneb siriol,
    Gaiff dieithr godi ei lef,
'Mhell uwchlaw syniadau bydol
    Erfyn it' fendithion Nef?

Nid am gyfoeth, clod, na glendid
    Caiff fy nymuniadau fod;
Dylai deiliad tragwyddolfyd
    Gyrchu at amgenach nod.

Boed i'th rudd sy'n awr a'i gogwydd
    At y bur dyneraidd fron,
Ddangos oedran diniweidrwydd—
    Gwisged bob lledneisrwydd llon.

Dy wefus sydd wrth ei chusanu
    'N ail i rosyn teg ei liw,
Boed i hon yn ieuanc ddysgu
    Deisyf am fendithion Duw.

Na wna achos wylo defnyn
    O'r llygaid nawr mewn cwsg sy'n cloi,
Ond i dlodi dyro ddeigryn
    Os na feddi fwy i'w roi.

Dy ddwy law, sy'n awr mor dyner,
  Na b'o iddynt gynnig cam;
Ond rho' 'mhleth i ddweud dy bader
  Ac i ofyn bendith mam.

Na boed gwên dy wyneb tirion
  Byth yn gymysg gyda thrais,
Ac na chaffo brad ddichellon
  Le i lechu dan dy ais.

Na boed byth i'th draed ysgogi
  Oddiar ffordd ddaionus Duw:
Er ei chau â drain a drysni
  Llwybr i'r Baradwys yw.

Boed i'th Riaint fyw i'th arwain
  Gam a cham ar lwybrau gwir;
Na foed arnat ras yn angen
  Tra yma yn yr anial dir.

Gŵyl Dewi

Penillion a ddatganwyd yn Nghymdeithas Gymroaidd Rhuthun, Gwyl Dewi, 1823.

(Tôn: *Ar hyd y Nos*)

Trystio arfau tros y terfyn,
  Ar hyd y nos.
Corn yn deffro cewri'r dyffryn—
  Ar hyd y nos.
Tanio celloedd—gwaed yn colli,
Yn mro Rhuthun gynt fu'n peri
I'r ael dduo ar Ŵyl Dewi,
  Ar hyd y nos.

Heddiw darfu ystryw estron,
    Ar hyd y nos.
Ellyll hwyr, a chyllyll hirion;
    Ar hyd y nos.
Saeson fu'n elynion inni,
Heno gwisgant gennin gwisgi—
Law-law'n dawel Ŵyl ein Dewi,
    Ar hyd y nos.

Clywch trwy Gymru'r beraidd gyngan
    Ar hyd y wlad.
Rhwygo awyr â goroian—
    Ar hyd y wlad.
Sŵn telynau—atsain llethri—
O Blymlumon i Eryri—
Gwalia ddywed—'Daeth Gŵyl Dewi,'
    Ar hyd y wlad.

Felly ninnau rhoddwn fonllef
    Ar hyd y wlad.
Peraidd lais ac adlais cydlef;
    Ar hyd y wlad.
Rhaid i'r galon wirion oeri
Cyn'r anghofiwn wlad ein geni,
Na gwledd Awen bob Gwyl Ddewi,
    Ar hyd y wlad.

Maes Garmon

Awdl fuddugol Eisteddfod yr Wyddgrug, 1823.

Rhagymadrodd

Boed Hector flaenor a'i floedd,
Eirf Illium a'i rhyfeloedd,
Groeg anwar mewn garw gynnen,
Bynciau y pêr Homer hen;
Hidled Virgil, wiwged was,
Win awen uwch Æneas;
Gwnaed eraill ganiad eurwedd
Am arfau claer—am rwyf cledd,
Byllt trwy dân gwyllt yn gwau,
Mwg a niwl o'r magnelau;
Brad rhyw haid, a brwydrau hen,
Oes, a phleidiau Maes Flodden;
Gwarchae, a dagrau digrawn,
Corinth a Valencia lawn,[*]
Eiliant bleth, a molant blaid
Gywreinwych ei gwroniaid.

Mae gennyf yma i ganu
Fwy gwron, sef Garmon gu;
Ag eirf dig eu gorfod oedd,
Gorfodaeth braich gref ydoedd;
Hwn gadd glod a gorfodaeth
Heb ergyd na syflyd saeth;
I lu duwiol a diarf
Yn wyrth oedd—ac heb nerth arf;
Duw yn blaid, a wnae eu bloedd
Heibio i ddawn y byddinoedd.

---

[*] Maes Flodden: gweler *Flodden Field* Walter Scott; Corinth a Valencia: gweler *The Siege of Corinth* gan Byron a *The Siege of Valencia* gan Felicia Hemans. Cerddi Saeneg poblogaidd o'r cyfnod am frwydrau.

Hwyrddydd ar y Môr.

Y dwthwn 'raeth cymdeithas
Gwŷr Rhufain, o Brydain bras,
Ar hwyrddydd o ryw harddaf,
Mwyna' 'rioed ym min yr haf;
E giliai'r haul, glaear hin,
Ag aur lliwiai'r Gorllewin;
Goreurai gyrrau oerion,
Ferwog a del frig y don;
Holl natur llawen ydoedd,
Ystŵr, na dwndwr, nid oedd;
Ond sibrwd deng ffrwd ffreudeg
Llorf dannau y tonnau teg;
A'r tawel ddof awelon,
Awyr deg ar war y don;
Ton ar don yn ymdaenu,
Holl anian mewn cyngan cu,
Gwawr oedd hyn, a gyrr i ddod,
Ac armel o flaen gwermod;
Cwmwl dwl yn adeiliaw,
Oedd i'w weled fel lled llaw.

Tymhestl.
Ael wybren, oedd oleubryd—a guddid
  Gan gaddug dychrynllyd—
Enynnai yr un ennyd,
Fel anferth goelcerth i gyd.

Môr a thir a'u mawrwaith oedd,
Yn awr, fal mawr ryfeloedd;
Mawr eigion yn ymrwygo,
Ar fol ei gryf wely gro;
Archai—gan guro'i erchwyn,
A'i dwrw ffrom—dorri ei ffrwyn;

Ymwân Udd uwch mynyddoedd,
At y Nef yn estyn oedd;
Dynoethid yna weithion,
Draw i'r dydd, odre'r don;
Dodwodd y cwmwl dudew
Ei genllysg i'r terfysg tew;
A'r gwyntoedd rwygent entyrch,
Neifion deifl i'r Nef yn dyrch;
Deuai nos i doi y nen,
Duai'n ebrwydd dan wybren;
Ac o'r erchyll dywyll do
Tân a mellt yn ymwylltio;
Taranent nes torwynnu
Y llynclyn diderfyn du.

Ymysg y terfysg twrf-faith
Gwelid llong, uwch gwaelod llaith,
Yn morio yn erbyn mawr-wynt—
Môr yn dygyfor, a'r gwynt
Wnâi'r hwyliau'n ddarnau'n ei ddig,
A'r llyw ydoedd ddrylliedig;
Mynedyddion mwyn doddynt,
Eu gwaedd a glywid drwy'r gwynt;
Llef irad a llygad lli,
Y galon ddewra'n gwelwi;
Anobaith do'i wynebau,
Ac ofn dôr y gwyllt-fôr gau,
Gwynnodd pob gwep gan gynni—
Llewygent—crynent rhag cri
Gwylan ar ben'r hwylbren rhydd,
"Ysturmant yr ystormydd!"
A mawrwych galon morwr,
Llawn o dân, droai'n llyn dŵr;
Llw fu'n hawdd, droe'n llefain O!
A chân elwch yn wylo.

Garmon a Bleiddan.

Yn mawr sŵn ymrysonau
'R tro, 'roedd yno ryw ddau
Llon hedd ar eu gwedd hwy gaed,
A chanent heb ochenaid:
Un Garmon, gelyn gormail,
A Bleiddan ddiddan oedd ail;
Gwelent drigfannau gwiwlon,
Ac iach le teg, uwchlaw ton—
Lle nad oes loes, fel isod,
Nac un westl dymestl yn dod;
Eiddunent hwy Dduw anian—
Traethaf a gofiaf o'r gân.

"Hyd atat, ein Duw, eto,
Dyneswn, edrychwn dro;
Rhown i ti, rhwng cernau ton,
Hael Geli, fawl o galon;
Rhued nawf, ni rhaid i ni,
Uwch ei safn, achos ofni:
Y lli dwfr sy'n y llaw dau—
Dy law, 'n Ion, a'n deil ninnau.

Ti yw arweinydd y taranau,
Tefli y sythion fellt fel saethau—
Gan roi, a dwyn, dy ffrwyn yn ffroenau
Anwar dymestl—mae'n wir diamau:
Yng nghynnen yr elfennau—rhoddi'r gwynt,
Gelwi gorwynt—neu gloi ei gaerau.

Y môr uthr udol, a'i dra mawr ruthriadau,
Y sydd fel moelydd uwch y cymylau;
Yr wyt ti, Ynad, ar warr y tonnau,
Yn trefnu hynt y chwerw-wynt i chwarau;
Cesgli'r gwynt chwyrn i'th ddyrnau—yn sydyn,
Arafa wedyn bob cynhyrfiadau.

    Pa ragor in' fôr yn fedd
    Na gwaun dir i gnawd orwedd?
    Cawn i'th gôl o farwol fyd,
    Yn nydd angau'n hawdd ddiengyd—
    Mae'n calon yn boddloni
    I union drefn Un yn Dri."

Pan ar ben gorffen y gân
Y terfynai twrf anian;
Clywai'r Un sy'n cloriannu
Rhawd, o'r sêr i'r dyfnder du:
Arafodd, llaesodd y lli,
Trychineb, a'r trochioni;
Môr a nen ymyrrai'n ôl,
I ddistawrwydd ystyriol;
Deuai hwyl a da helynt
Y don yn gyson â'r gwynt;
Mewn un llais rhoent hymnau'n llon,
I'r hwn a roes yr hinon;
Yna y chwai dorrai dydd—
Dyna lan Prydain lonydd.
Doe'r llong, ar ddiddan waneg,
I ben y daith—Albion deg.

Prydain yn 429.

Hil Gomer yr amser hyn,
Oedd o nodwedd anhydyn;
Amryw nwyd wnâi Gymru'n waeth,
Mawr gynnen, a Morganiaeth;*
Gwŷr di-gariad i'w goror,
Lanwai â cham, lan a chôr:
Rhai ffôl yn cymysgu'r ffydd
Â choelion am uchelwydd;
Gwadu Crist, neu gydio'u cred
Ar glebr am 'dreiglo abred';
Pictiaid, Ysgotiaid, weis cas,
Ruthrent, lunient alanas;
A Phrydain heb undeb oedd,
Na llyw wrth ben ei lluoedd;
Y llysoedd, yn lle iesin
Farnu gwael, oe'nt defyrn gwin;
Brad amlwg, a brwd ymladd,
Gorthrech, cri, llosgi, a lladd,
Wnâi Albion—â'u troeon trwch
Yn ail i ryw anialwch.

Taith y ddau.

Y teulu apostolaidd
Eu bron, cyn gorffwyso braidd,
Drwy'r wlad, ar waith clodadwy
Eu Tad, ymegnient hwy.

---

* Hil Gomer: Cymeriad beiblaidd oedd Gomer fab Japheth; cysylltwyd ef â'r Galiaid gan hynafiaethwyr cynnar ac yn ddiweddarach dadleuodd Theophilus Evans yn *Drych y Prif Oesoedd* mai ei enw ef oedd tarddiad yr enw 'Cymru'. Hil Gomer, felly, yw'r Cymry.
Morganiaeth: Heresi Pelagaidd y 4edd a'r 5ed ganrif (Saes. *Pelagianism*).

Gan fore godi—rhoddi'n rhwyddion
Fyrr o Gilead wrth friwiau gwaelion;
Digyrith bleidio gwirion—rhag gwrthdrin,
Rhoi llaeth a gwin i'r llwythau gweinion.

Cynhadledd a'r Morganiaid.

Iselaidd furiau Salem
Godent, ac urddent â gem;
A gem y ddau ddegymydd,
Fu aur a ffurf y wir ffydd;
Gemau'r gair, disglair, dwys,
Yw parwydydd Paradwys;
Er gogan, a phob anair,
Dysgent, pregethent y gair,
Nes cwnnu'r llesg gwan o'r llaid—
Taro'r annuw trwy'r enaid:
Lle blin a hyll o'u blaen oedd,
Ail Eden o'u hôl ydoedd;
O flaen rhain, diflannu'r oedd
Heresïau mwya'r oesoedd;
Tost iawn chwedl i genedl gam
Fu'r holiad yn Verulam:
Ugeiniau o'r Morganiaid,
Ddynion blwng, oedd yno'n blaid:
Llwyddai Ion y dynion da,
Er c'wilydd Agricola;
Ar air Ion, i lawr yr aeth
Muriau gweinion Morganiaeth.

Dynion oedd dan adenydd—ystlumaidd
    Gwestl amhur goelgrefydd;
    Ymagorai'r magwrydd,
    Gwelen' deg oleuni dydd.

Morganiaid er mawr gynnwrf,
Hwynt yn eu llid droent yn llwfr;
Yna'r dorf anwar a dig,
At y gwŷr godent gerrig—
A mynnent bwyo 'mennydd
Y rhai ffôl fu'n gwyro'r ffydd!
Ond y graslon Garmon gu
A ataliodd y teulu:
Bleiddan, ar hynny, bloeddiai—
"Clywch! eon, ry eon rai!
Pwyllwch, arafwch rywfaint!
Godde' sy'n gweddu i saint;
I'n Duw y perthyn dial—
I'r annuw ein Duw a dâl;
Pâr ei farn am bob rhyw fai,
Llaw dialedd lle dylai.
Ond cafodd fodd i faddau—
Drwy gur un—gall drugarhau;
Y garw boen, hyd gaerau bedd,
Agorai gell trugaredd;
A'n harch gwir, i lenwi'r wlad
Yn farn am gyfeiliornad,
Yw troi, o ras têr yr Ion,
Galonnau ein gelynion
I droedio wrth ddeddf dradoeth;
Dyn yn ddwl—Duw Ion yn ddoeth.
Felly yn awr, dan wawr well,
Pob un ânt tua'u pabell;
Nef uchod rhoed Naf i chwi—
Mewn heddwch dychwelwch chwi."

Tra llefarodd, troell fawrwych
Anian droes yn iawn ei drych;
Y dymer ydoedd dwymyn
Dda'i yn ei lle—toddai'n llyn.

Gwelent ei drwg—amlwg oedd,
A'u llid—mor fyrbwyll ydoedd;
Ust! tawelynt drwyddynt draw,
O dawelwch, doi wylaw.
'Nawr o'u dwrn yn ara' deg
Parai gwir gwymp i'r garreg;
Trwst y main, a'r ubain rhwydd
Dwys, a dorrai'r distawrwydd.
Yna'r gynulleidfa'n llon
Ddychwelent—(gwedd a chalon
Eto'n awr yn gytûn oedd,)
Law yn llaw, lonna lluoedd.

Cyrraedd Ystrad Alun.

Dau gennad gwyn! Wedi gŵyl
Hwy gyrchent at eu gorchwyl.
Llafurient â'u holl fwriad,
Dan Iôr i oleuo'r wlad;
A'i dwyn hi dan ordinhad
Da reol, o'i dirywiad;
Dan y gwaith heb lid na gwg,
Trwy erlid, ymlid amlwg,
Doent wrth deithio bro a bryn,
I olwg Ystrad Alun;
Elai'r gwŷr, gan eilio'r gân,
Drwy Faelor, oror eirian.
Hwyr hithau ddwyrai weithion,
Llwydai fry ddillad y fron;
Ucheron,[*] uwch ei cheyrydd,
A'i t'wysai, pan darfai dydd;
Y lloer, a'i mantell arian,
Ddeuai un modd, yn y man;

---

[*] Hesperus, seren yr hwyr.

Daeth o le i le fel hyn
Y faith yrfa i'w therfyn;
Nawdd Iôr, ac arweinydd ddug
Y rhwyddgraff ddau i'r Wyddgrug:
Lletyent mewn lle tawel,
Trigle dêr a mangre mêl;
Lle addas y lluyddwr
Rhufon, oedd yn union ŵr;
Un crefyddol, dduwiol ddawn,
Doeth, a'i gyfoeth yn gyfiawn;
Iachawdwr, a braich ydoedd,
Ac anadl ei genedl oedd;
I'w ardal deg, ateg oedd,
Llywiawdwr ei llu ydoedd;
Dau noddwr diwinyddiaeth,
Arfolli, noddi a wnaeth;
Eu siarad, am rad yr oedd,
A mesurau'r amseroedd;
Gwael greifion y goelgrefydd,
Rhannau a ffurf yr iawn ffydd;
A bro a'i hedd i barhau,
Uwch annedwydd och'neidiau;
Y duwiol hyfrydol fron
Ddiddenid â'u 'mddiddanion;
Rhufon er hynny'n rhyfedd,
Oedd o ddirgel isel wedd;
Sôn am loes sy'n aml isod,
A chael rhan uwchlaw y rhod,
Wnâi'i fron dêr, yn nyfnder nod,
Chwyddo o ebwch ddiwybod;
Ei deg rudd, lle gwelwyd gwrid,
A ddeifiodd rhyw ddu ofid;
A dygai'r llef y deigr llaith
I'r golwg, nawr ac eilwaith.
'Roedd gwaelod y trallod trwch

I wŷr Gallia'n ddirgelwch;
Hwy sylwent mai isel-wan
A dwl, oedd ei briod lân;
Beth fu'r anferth ryferthwy
Ni wyddent—ni holent hwy.

Yna, a'u bron heb un braw,
Hwy wahanent i hunaw;
Pwys y daith, mor faith a fu,
A'i gwasgodd hwynt i gysgu:
Edyn Ion, rhag troeon trwch,
A'u mantellynt, mewn t'wllwch.

Yn bur a wyneb araul,
Cwnnu yr oedd cyn yr haul
Y ddau deg, ddifreg o fryd,
A Rhufon hawddgar hefyd;
Rhodient i wrando'r hedydd
Gydag awel dawel dydd,
Hyd ddeiliog lennydd Alun,
I weld urddas glas y glyn;
Clywent sibrwd y ffrwd ffraeth
Yn dilyn hyd y dalaith;
Y gro mân ac rhai meini,
Yn hual ei hoewal hi.

Agorir dorau goror y dwyrain,
Yna Aurora sydd yn arwyrain;
Nifwl ni 'merys o flaen ei mirain
Gerbyd llachrog, a'i meirch bywiog buain,
Ewybr o gylch y wybr gain—teifl gwrel,
A lliwia argel â'i mantell eurgain.

Yna deffrodd awelon y dyffryn,
Âi si trwy y dolau'n Ystrad Alun;
Haul drwy y goedwig belydrai gwedyn,
Bu i Argoed hirell, a brigau terwyn,
D'ai lliw y rhod oll ar hyn—fel porffor,
A goror Maelor fel gwawr aur melyn.

Ar ei hadain, y seingar ehedydd
Fwria'i cherddi i gyfarch y wawr-ddydd;
Deffroai gantorion llon y llwynydd
I bereiddio awelon bore-ddydd—
A phêr wawd i'w Creawdydd—trwy'r wiw-nen,
O ferion awen—am fore newydd.

    Bwrid ar hyn heb eiriach,
    Ganiadau o bigau bach;
    Eu glwys-gerdd lanwai'r glasgoed—
    Caniadau rhwng cangau'r coed;
    Gwna bronfraith dasg ar las-gainc,
    Trwsio'i phlu a chanu'i chainc.

Yna llon ganai llinos—i gynnal
    Cerdd geinwech yr eos,
    Ymorau heb ymaros,
    I Geli am noddi'r nos.

A seiniai, pynciau pob pig
I'w Creawdwr caredig;
Nes yr aeth ymhen ennyd
Yr wybr fan yn gân i gyd.

Esgynnent, troent eu tri
I balawg Fryn y Beili,
I weld y wlad—ferthwlad fau—
Rhedai Alun trwy'i dolau

Dyffrynol, breiniol a bras,
Oll yn hardd a llawn urddas;
Duw Celi oedd gwedi gwau
'N gywrain eu dillad gorau;
Deor myrr, neithdar, a mêl,
Yn rhywiog a wnâi'r awel;
Aroglai'r manwydd briglas,
Y bau a'i chwrlidau'n las;
A diffrwyth lysiau'r dyffryn
Gwlithog, fyrdd, mewn gwyrdd a gwyn.
Ebrwydd, y corn borebryd
Alwai 'ngwrth y teulu 'nghyd;
Teulu y castell telaid,
'Nol porthi, mewn gweddi gaed.

Rhufon a yrrai hefyd
Efo'r gweis, trwy'r fro i gyd,
Am neges em enwogion
I weled tir y wlad hon—
Yr eilient yn ochr Alun
Araith am gadwraeth dyn;
A'u bod am weini bedydd
Yn ael y dwfr, ganol dydd;
Ag awydd ferth, gweddai fod
Bawb yno â'u babanod;
Mai bechan y Llan oll oedd
I gynnwys amryw gannoedd.

Gofid Rhufon.

Felly aent o'r arfoll hon
Eu tri, i'r gerddi gwyrddion;
Mawl i Dduw roent mewn teml ddail,
Gwedi 'i gwau gyda gwiail;

Ei lloriau, â gleiniau glwys,
B'rwydid fel ail Baradwys;
Sonient, wrth aros yno,
Am och a brad—am uwch bro—
Lle na ddel gwyll neu ddolef—
Am urdd yn Nuw—am ardd Nef—
Gardd o oesol raddol rîn,
A'i haberoedd yn bur-win.

Rhufon, dan ofid rhyfawr,
Ni ddywedai—ofynnai fawr;
Dangosai' liw, nid gwiw gwad,
Loes erwin uwchlaw siarad;
O'r diwedd, 'rôl hir dewi,
Ochenaid, a llygaid lli,
A'i ddagrau, fel rhaffau'n rhydd,
O'i lygaid yn wlawogydd—
Tan grynu'i fant yn graen, fo
Gwynai alaeth gan wylo,

"Enwogion, mi wn agos
Rhaid i 'null ar hyd y nos
Ddangos fod saeth gaeth, a gwg,
Drwy'r galon draw o'r golwg;
Yng ngrudd gref, lle gwingodd graid,
Llychwinodd aml ochenaid;
Grym y groes, a dagrau'm gwraig,
Dyr wên y diarynaig.
Mynegaf i'm henwogion
Hanes fy mriw—naws fy mron,
A'r achos o'm hir ochi—
Yr oedd mab iraidd i mi;
Delw i'r holl ardaloedd—
Eu tegwch a'u harddwch oedd;
Roedd ei rwydd daclusrwydd clau,

A'i lun nerthol yn wyrthiau;
A gwên hoff lawen a fflwch,
Ireiddiwch ar ei ruddiau.

"Dau lygad ei dad ydoedd,
Un enaid â'i enaid oedd;
Rhyw adyn ei rwydo wnaeth
A'i swynion, i gamsyniaeth—
Un tonnog anghytunol
Droes allan, a phagan ffôl;
Ac oerodd ei holl gariad
At wir Duw—at eiriau'i dad;
Hynny fagodd genfigen,
Yr un dydd yn ei fron denn—
Lle cadd hen genfigen faeth,
Ddylanwodd o elyniaeth—
Âi'n greulon, anfoddlon fab,
Fu'n wâr annwyl ireiddfab;
Y diwedd oedd—gadwodd ef
Mewn gwg—huddwg ei haddef,
Gan addo dod, diwrnod du,
A dialedd i'w deulu;
Gweai y dwrn—rhegai'i dad,
O'm Duw! fath ymadawiad!
Er gwae im', rhwygai ymaith—
Na ŵyr ond Ion ran o'i daith;
Ni allaf, dan drymaf dro,
Ond trist ruddfanu trosto.

"O'r diwrnod bu'r du ornwaith,
Ni chenais, ni cherddais chwaith—
Picellau drwg ofnau gant,
Y fron wirion fraenarant:
Na welir hwn, wylo'r wyf—
Ac wylo rhag ofn gwelwyf

Etifedd gwae! tyfodd gwŷn
Diymarbed i'm herbyn;
Funud ni phrisiaf einioes—
Aeth yn faich holl ddwthwn f'oes!
O Angau! torra f'ingedd,
'Rwy'n barod, barod, i'm bedd."

Eto y toddai natur
Yn ddagrau fel perlau pur;
Delwai, mudanai'r dynion,
Gyda'u brawd gwaedai eu bron;
Pwyntient fys at lys hael Iôn—
Lle o allu ellyllon.

Synnent, ac edrychent dro,
Eilwaith cymysgent wylo:
Addysgid y ddau esgob
Felly'n null cyfeillion Iob;
I ganfod fod llym gwynfawr
Bwysau ei ofidiau'n fawr.

Y Gynulleidfa.

Ar hyn d'ai gwas addas wedd,
Mynegai mewn mwyn agwedd,
Fod nifer, yr amser hyn,
Ar ddolau iraidd Alun;
A'u disgwyliad dwys gwiwlon
Am glywed clau eiriau'r Iôn.

Sychu oedd raid y llygaid llaith,
O fwriad at lafurwaith:
O'r deildy tua'r doldir
Yr elent hwy trwy lawnt hir;

A gwelent wâr, liwgar lu,
Yn gannoedd yno'n gwenu.
O ddisgwyl y ddau esgawb,
 gwyneb pur gwenai pawb,
O oedran diniweidrwydd,
Ymlaen, hyd i saith-deg mlwydd;
Rhai ieuainc, mewn chwidr awydd
Yn chwarae ar geinciau gwydd;
Arafaidd d'ai'r gwyryfon,
Yn weddaidd, llariaidd a llon;
Oeswyr, a phwys ar eu ffŷn,
Hulient dorlennydd Alun;
Doethaidd eu dull i'r dwthwn,
Eistedd wnâi'r gwragedd yn grwn;
Pob mam lân a'i baban bach,
Ryw hoenus—a rhai henach,
A geisient gael eu gosod
Dan sancteiddiol nefol nôd;
'Nawr mewn trefn, tu cefn i'r cylch,
Gan ymgau'n gain o amgylch,
Y deuai holl wrandawyr
Y graslon enwogion wŷr.

Ar ddeulin yr addolynt
Yr Oen hoeliwyd, gablwyd gynt;
A Bleiddan, drwy fwynlan fodd,
Ar Dduw a hir weddïodd;
Eiddunodd newydd anian,
A mawr les, i Gymru lân;
I beri hedd, nes byrhau
Ochain hon a'i chynhennau—
A throi i'r wir athrawiaeth
Rai'n ôl, ar gyfeiliorn aeth;

Ac yna, na cha'i Morganiaeth—na gwenwyn
　　O geuneint Derwyddiaeth,
　　Fwrw'u dilyf ar dalaith,
　　Yn hwy'n lle manna a llaeth.

　　Bedyddio wnaent—(byd dd'ai'n wyn)
　　Wŷr mewn oed—rhai mân wedyn;
　　Yna'r sant 'nôl gweini'r swydd
　　Ystyriol—mewn distawrwydd,
　　Yn ei wisgoedd wnâi esgyn
　　I ochr llethrog, frithog fryn;
　　Ac eurmyg lleuai Garmon,
　　A'i dafod aur, eiriau'r Ion;
　　Gwrthbrofi, dynodi wnaeth
　　Amryw gynneiddf Morganiaeth;
　　Mor ffraeth ei araith euraidd—
　　Enaid a grym hyd y gwraidd;
　　Y llu ddaeth i gablu gwyr,
　　Hwy ddeuent yn weddiwyr:
　　Trwy'r gair llym y troir gerllaw
　　Annuwiolion i wylaw;
　　Pan felltenai Sinai serth
　　I gydwybod—gwaed aberth
　　Wna'i felten a fa'i wylltaf
　　Ddiffodd, yn hedd ffydd yn Naf;
　　Agorai wefus gwrel,
　　A'i fant a ddyferai fêl;
　　Drwy lawn gainc, darluniai gur
　　Tad a Cheidwad pechadur—
　　Yr iawn a roes, drwy loes lem,
　　Croeshoeliad Oen Caersalem;
　　Ban dug, trwy boenau dygn,
　　Fodd i Dduw faddau i ddyn;—
　　Ei araith gref am wyrth gras
　　Wnâi un oer bron yn eirias.

Dychryn y ffoaduriaid.

Ynghanol y dduwiol ddysg,
Clywid cynnwrf, twrf terfysg;
Llefau galar gyda'r gwynt,
Sitwyr yn nesáu atynt!
Ar hyn, dyna ofngar haid
O derydd ffoaduriaid—
Lu gwael o liw—ac ael wleb,
A gwannaidd oedd pob gwyneb:
"Daeth," dyhenent d'wedent hwy,
"Awr hyf warth a rhyferthwy;
Mae Saeson, anunion wŷr,
A brathog lu y Brithwyr,
A'u miloedd dros dir Maelawr—
Gwelsom fin y fyddin fawr!
Temlau a thai llosgai'r llu—
Nen a magwyr sy'n mygu;
Ha! erlidiant ar ledol
Y rhai ddaeth yn awr i'r ddôl;
Clywch dôn anhirion eu nâd,
Ffown, ffown! am amddiffyniad."

Y gair, fel loes gwefrol, a
Darfodd pob rhan o'r dyrfa;
A chwerw nod dychryniadau
Oedd yn eu gwedd hwy yn gwau;
Mewn ofnol, ddidol ddadwrdd,
Mynnent ymroi, ffoi i ffwrdd;
Ond Rhufon, drwy fwynlon fodd,
Un teilwng, a'u hataliodd—
Nad oedd y fyddin, erwin hynt,
Eto yn agos atynt:
Enynnodd aidd hen anian
Y milwr dewr, mal ar dân.

Milwr a Sant.

"Rhyfel!" dolefai Rhufon,
Ag araul fryd gwrol fron,
"Heddiw fy hen gleddyf hir,
I ddwyn aeth a ddyncethir;
Gwnaf wyrthiau trwy gnif erthwch—
Gwnaf weld eu llu'n llyfu'r llwch;
Codwn, arfogwn fagad
O wrol wych wŷr y wlad;
A'm milwyr a'u hymwelant,
Pob gŵr fydd gonc'rwr ar gant;
Wyf Rufon, er f'oer ofid,
A ddeil arf drwy dduwiol lid;
Terwyniant ein tariannau
Ni ddeil bron y galon gau;
Heno o'u balch lu, ni bydd
Un i leidio'n haelwydydd;
Trwy ryfel dihefelydd,
Ac enw Duw—cawn y dydd!
Ymlaen! pur yw'n hantur hon!"
"Arafa, danbaid Rufon!"
Eb Garmon—"Er pob gormes
Yn fur prawf, yn farrau pres,
Mae telid gadernid Iôn
Is awyr o gylch Seion;
Ei phen a'i hamddiffynnydd
Yw'r Duw sy'n Greawdwr dydd;
Ein hiawn bwys yn hyn, O bid
Ar Dduw a'i wir addewid;
A Duw a'n cyfyd ni, cofiwn,
Y diwedd o'r hadledd hwn;

"Y Duw a barai fod aberoedd
O sawr diliau, mewn cras ardaloedd,
I gynnal ei blant gannoedd—â dwfr fal
Gwawr y grisial o graig yr oesoedd,

Ac a lywiai Iago a'i luoedd
Mawr a difraw, rhwng muriau dyfroedd—
A Pharaoh a'i anhoff yrroedd—wnâi gau
O fewn dorau y gor-ddyfnderoedd;

Y Duw hwnnw gyfyd hinon
Awyr dawel, o oriau duon,
Dilai gwared ei deulu gwirion
Rhag galanas a rhwyg gelynion;
Y Duw fu'n blaid Gedeon—rwystra i yrr
Yr un o'r Brithwyr wanu'r Brython."

    Trwy galon Rhufon yr aeth
    Cywir donau crediniaeth;
    Distawodd, lleddfodd y llu,
    Eu gwelw wawr a'u galaru;
    Heb ddal ynni, boddlonynt
    I weision Iôr hwylio'r hynt.

    Hwy roddent gyfarwyddyd
    Am hwyl y gorchwyl i gyd.
    Ag ysgafn droed i goed gwŷdd,
    Encilient dan y celydd;
    Rhufon hoff, er mwyn cloff, claf,
    Annwylaidd, safai'n olaf;
    A thawel gynorthwyai
    Y gweinion efryddion rai.

    Yn ôl dod dan gysgod gwig
    I gyd, ar lawr y goedwig,

Plygent lin, ac â min mel
Yn ddwys mewn gweddi isel:
Yn ysbaid hyn, os bai twrf,
Ochenaid lesg, a chynnwrf—
Codai Garmon lon ei law,
Agwedd Ust! ac oedd ddistaw.

Er gwersi, er gweddi'r gwŷr,
Er teg osteg, ac ystyr—
Gwael agwedd y golygon
Ddwedai fraw y ddiwad fron.

Ar hyn, dyna'n syn nesáu
Athrist dwrf, a thrwst arfau;
Lwyrnych estronol oernad,
Croch gri, a gwaeddi—"I'r gâd";—
Yr waedd oedd yn arwyddaw
Fod gâlon llymion gerllaw:

Yna y treigl sŵn eu traed,
Yn frau o fewn cyrrau'r coed—
Lleng a'u gwich am ollwng gwaed
Gwŷr o ryw hawddgara 'rioed.

Adeg alarus ydoedd,
Ac awr heb ei thebyg oedd;
Awr gerth, na ddilëir o go',
Ac awr calonnau'n curo;
Y goch ffriw aeth a'i lliw'n llwyd,
Dewr wedd âi'n orsedd arswyd.

Trwy'r ddôl y gelynol lu,
Groch anwar, wnâi grechwenu,
Er dannod gwarth Prydeinwyr—
(Rhy fuan gogan y gwŷr.)

Gan ymnerth, ac un amnaid,
Yn llu yn awr, oll 'e naid
Y Brython—yn llon eu llef,
Unllais, ac adlais cydlef,
Germain oedd, rho'i Garmon air,
Addasol ei ddewisair—

Haleliwia! Haleliwia! lawen,
Ar y gair, ebrwydd y rhwygai'r wybren,
Creigiau—a chwedi pob crug a choeden
Yn y dyspeidiad oedd yn d'aspeden;
A'r engyl yn yr angen—yn uno—
A gawriai yno holl gôr y wiw-nen.

Chwai hyrddiwyd gâlon chwerw-ddull,
Dychrynent, ffoent mewn ffull.

"Frithwyr ffel! beth yw'r helynt?
Dewch i gâd—ymffrostiech gynt!
Hai! ffwrdd! codwch waywffyn,
Hwi'n golofn—dacw'n gelyn!
Ymrestrwch—troediwch mewn trefn,
Och! enrhaith! beth yw'ch anrhefn?"

Unwaith ni wrendy'r annuw,
I'w dilyn mae dychryn Duw;
Eu heirf serth, yn y twrf sydd,
Wana galon ei gilydd;—
Astalch i astalch estyn,
A chledd sydd yng ngledd y'nglŷn.

Clywai Alun destun da,
Alawon Haleluia;
A chiliodd dros ei cheulan—
Hi droes lif ar draws y lan;

A mynnent hwy, er maint hon,
Yn eu braw, rwyfaw'r afon:
I dawch Alun dychwelynt—
Aeth hon fel y Gison gynt:
A mawr dwrdd—ym merw'r don,
Cell agerdd cylla eigion:
Gwenodd Alun, gwyn ddiluw,
Gael yno dorf gâlon Duw;
Llafuriodd y llifeiriaint,
Gyda si, i gadw y saint;
Sugnai'r llyn y gelyn gau,
Gwingodd dan grafanc Angau.

O fore dwl, ar fyrr daeth
Gwawr deg o waredigaeth;
Nawr gwelai'r Cymry'r gâlon,
Yn soddi is dyli'r don;
Gan wau yn dyrrau di-rif,
A swn eu llais yn y llif;
Llifeiriant a i holl farrau,
Tonnau certh, arnynt yn cau:—
Nodent nad oedd mewn adwy,
Glan, na maes, un gelyn mwy;
Prin coelient—safent yn syn—
Ddolef eu ciaidd elyn.

Diferai eu clodforedd,
Drwy'r glynau yn hymnau hedd;
Ac yn eu plith canai plant,
Swn melys atsain moliant.

Yna'r saint mewn eres hwyl
A anerchent—iawn orchwyl—
Araf lef i'r dyrfa lân,
Dorrent ollyngdod eirian.

"Ein Nêr, mewn blinder, fu'n blaid
I'w wâr union wirioniaid;
Duw'n y blwng wrandawai'n bloedd—
Boddai yna'r byddinoedd.

"Eurog olwynion hen Ragluniaeth,
Barai'r dolydd, y wybr a'r dalaith,
I wyrthiol atsain germain gaeth—Alun
Foddai y gelyn—caem fuddugoliaeth.

"Duw Nêr roes yr hoywder hwn,
I'n Duw eilchwaith diolchwn;
Llawforwyn fu'r llifeiriant,
Gyda bloedd i gadw ei blant.

"Iolwn na byddo'i wiwlwys—ogoned,
 Ac enaint Paradwys,
Gilio oddi ar Gwalia ddwys,
Na'u aroglau o'r Eglwys.

Duw'r hedd fo'n eich harwedd chwi,
Drwy genedl lawn drygioni;
Ac wedi oes heb loes lem,
Noswylio boch yn Salem."

Hwy wahanent ar hynny,
Heb wybod ofn—bawb i'w dŷ;
A'r lleddf ddau genhadwr llon
Draw hefyd i dŷ Rhufon.

Ac ar hwyl deg, yr ail dydd,
Dwyrëent mewn dir awydd,
I rodio i lawr at ffrwd las,
Glennydd lle bu galanas:
Nawr aber, fel arferol,

Ydoedd hi ar hyd y ddol;
Ciliai'r dylif, clwy'r dylaith,
A'i dwrf oll, pan darfu'i waith;
Dai'r ardal yn dir irdeg,
Lle berwai ton, ddai'n llwybr teg:
Gwelent hwy, wrth geulan ton,
Gelanedd eu gelynion;
Yn dyrrau, 'n rhesau di-ri,
O'r Belan hyd i'r Beili.

Gwelai Rhufon dirionwawr,
Ar hyn, ryw lencyn ar lawr.
Ei ddull, ei wedd, a'i ddillad,
A'i lun, oedd fel un o'r wlad.
Craffai arnaw—draw fe drodd,
A lliw egwan llewygodd;
Oherwydd y tramgwydd trwm
A ddyrysodd ei reswm;
Drwy'i galon a'i dirgeloedd,
Safai bâr—cans ei fab oedd;
Ei deulu o'i ddeutu ddaeth,
Gan weled ei ddygn alaeth;
Rhoent uwch ei fab, drygfab—dro
Eu ced olaf—cyd-wylo;
Uchel oernych alarnad
Wrth ei ddwyn fry i dŷ i dad:
(Gwyddent mai dilyn geu-dduw,
A dal dig, a gadael Duw—
Trwy lithiol rai ffôl, di-ffydd,
Wnâi ei ddwyn i'w ddienydd!)

Hwy ddeallent, modd hollol,
A ddwedai, nawr, am ddod'n ôl,
Ryw ddiwrnod, a dyrnod du
Dialedd ar ei deulu.

Iddo fe gwnaed angladd fawr,
Hir wylwyd ar ei elawr:
(Mae natur bur ei bwriad
A maith ddeddf mewn mam a thad;)
Er brad, er braenaru bron
Ei rieni, rai union—
Eto wylodd y teulu,
Am y mab, fel cynfab cu;
Ni pheidient am anffodion
A thranc gwas ieuanc, a sôn;
Ac a pharch gwnaent er coffau,
Hel peraidd, lwysaidd lysiau;
Hel mwysion freila meysydd,
Hel blodau ar gangau'r gwŷdd;
Hel mawr ar lili mirain,
Hel y rhos ar ôl y rhain;
Hel llawryf digoll irwedd,
Hela'r bawm i hulio'r bedd:
A dagrau rhwydd, sicrwydd serch,
Mwydent, llenwent y llannerch.

Garmon, er cof mwynlon mad,
Gweddus, o'r holl ddigwyddiad,
O fewn y tir roes faen teg,
A geiriau ar y garreg;—

"Daw hinon, er llid annuw,
I'r dyn doeth a gredo'n Duw;
A dylaeth, barn, a dolef,
I'r adyn fo'n erbyn Nef."

Englynion
a ysgrifennwyd yn ddifyfyr yn Mynwent yr Wyddgrug.

Ni foddir (mae'n rhyfeddol)—chwai angau,
    Â chyngor dymunol;
  Er wban, griddfan greddfol,
  (Uthr in' yw!) ni thry yn ôl.

Er gwaedd mam—er gweddi myrdd,
Er gwên byd—er gwyneb hardd,
Er sŵn cwyn—er seinio cerdd,
Er ing ffull, mŷn angau'i ffordd.

Ni eiriach rhai bach, rhag bedd—i'r cedyrn
    Rhoi'r codwm i'r dyfn-fedd;
  A mirain feibion mawredd
  Ostyngir, siglir o'u sedd.

I'r llaid yr aeth fy nhaidiau—i huno,
    Fu'n heini ers dyddiau:
  I'r ystafell dywyll dau,
  Ryw funud, yr af innau.

Ond cael nod hynod, a hedd—yr Iesu,
    A drws i dangnefedd;
  Yn dawel yn y diwedd,
  Af i gaban bychan bedd.

Aberriw: 1824

Emyn Pasg

Wele'r Ceidwad gaed yn Meth'lem
   Acw'n marw dan ei loes,
A gwyryfon tyner Salem
   'N gwlychu â dagrau droed ei groes:
Caea'r haul ei lygaid llachar
   Rhag gweld clwyfo'r Sanct ei hun;
Ei riddfannau sigla'r ddaear,
   Cryna pob peth ond y dyn.

Deuwch saint, gollyngwch ddagrau
   Uwch trychineb Calfari,
Dros yr hwn a roes och'neidiau
   Dan y baich haeddasoch chwi;
Drosoch hidlodd ddafnau heilltion
   Is arteithiau gwg y nen,
Nid o ddwfr, ond gwaed ei galon,
   Yna trengodd ar y pren.

Dyma dristwch heb ei debyg,
   Gras a chariad pur ynglŷn,
Duw'r gogoniant dan y dirmyg,
   Ac yn marw i brynu dyn:
Ond wele achos llawenychu!
   Testun cân dragwyddol fydd—
Iesu'r Ceidwad sy'n dadebru
   'N gynnar ar y trydydd dydd.

Gwelwch fel mae'n concro angau!
  Syllwch ar ei ddwyfol wedd!
Grym ei fraich, a gair ei enau,
  Sydd yn dryllio bolltau'r bedd:
Llengau'r nef, anrhaethol nifer,
  A'i gwarchodant tua'i wlad—
Rhwygai cerddi yr ehangder,
  Cerddi croeso i lys ei Dad.

Bellach, saint, eich dagrau sychwch,
  T'rewch y gu dragwyddol gân,
C'weiriwch eich telynau, cenwch
  Wyrthiau eich Gwaredwr glân:
Dwedwch iddo fathru'r gelyn,
  'Speilio lluoedd certh di-ri,
T'wyso angau du mewn cadwyn,
  A chysegru'r bedd i chwi.

Bloeddiwch, 'Ryfedd Frenin Sion,
  Doed y ddaear dan dy iau!
Ganwyd ti'n Waredydd dynion,
  Wyt yn gadarn i iachau.'
Gofynnwch wedyn i'r anghenfil,
  'Ble mae'th golyn oer yn awr?
Fedd ymffrostgar, ddu dy grombil,
  Ble mae'th fuddugoliaeth fawr?'

Englyn i Annerch Miss Cotton, Ofyddes
(Eisteddfod y Trallwng, 1824)

Gwalia lwyd lonnwyd eleni—Awen
   Flodeua fel lili;
  Bron bun yw ei gardd hardd hi—
  Hil annwyl hael Lyweni.

"A Pha le y Mae?" (Job xiv. 10.)

"Pa le y mae! Ow gwae! Ai gwir?
　Nad yn ei dir, o dan y dail
A eiliai gynt drwy helyg îr?—
　Nid uwch ei fur—gan d'wchu ei fail;—
Ni wela wych olygfa'r waun,
　Ni swnia'i droed yn nawnsiau'r dref,
Gwych yw'r olygfa fel o'r blaen,
　A dawnsia myrdd, *ond ble mae ef?*

Ei ddiddan Elia ddyddiau'n ôl
　Dywysai i'r ddôl ar hwyrol hynt;
Wrth ochrau'r llyn o'r dyffryn dardd
　A gwaelod gardd fe'i gwelwyd gynt;
Is gwe o fill ni wasga'r fun,
　(Ei ardd a wnaeth fel gerddi nef
Ag urdd o ros). Mae'r gerddi'r un,
　Ac Elia'r un—*Ble gwelir ef?*

Fel nablau'r côr rhoe'i gerddor gân,
　O'i deithi glân, nid aeth yn gloff;
Rhaeadrau, llynnau, gwyrthiau gant,
　Oddeutu ei nant sydd eto'n hoff
O'i dŷ—mur hwn nid yw mor hardd;
　Adwyau geir ar hyd ei gae,
A gwywa'n rhes eginau'r ardd,
　Ymhola mill—*Ymhle mae ef?*

Mae beddfan newydd yn y Llan,
　Yr aelwyd ddengys gadair wag;
Ac wrth y bedd, a'r wedd yn wan
　Doluriau serch rhyw ferch a fâg;
A'r ddôl, lle bu yn gadu'r gwynt,
　Ni wela'i lun, ni chlywa'i lef,
Bonllefau rhai a garai gynt,
　Pa le maent hwy? *Pa le mae ef?*

Gwahoddedigion
Eisteddfod y Trallwng, 1824

Englynion difyfyr i'r Arglwyddes Clive a'i phlant.

Enynnwn i uniawn annerch—talaith,
    Am roi telaid eurferch
    Montrose, mewn rhwymyn traserch
    I Bowys hen—man gwib serch.

Yr ysgeill yn ôl hir wasgar—can-oes
    I'r cennin sy'n gymar;
    Tan wên cyd-dyfant yn wâr
    Eu deuodd yn fri daear.

Mwy yn yr hil, y mae'n rhaid—y rhennir
    Holl rinwedd y ddwy-blaid;
    Trwy eu bron, yn hylon, naid
    Hen nwyfau eu hynafiaid.

Os daw rhyw haid, i rwystro hedd—ein tir—
    Nes troi ein tai'n garnedd,
    Yn y ddiras gynddaredd,
    Hil Clive fydd yn dal y cledd.

Ond i hedd a dyhuddiant—i godi
    Dysgeidiaeth, tueddant,
    Awenyddion a noddant,
    Eu hiaith hen, a cherdd, a thant.

Trwy'u diwrnod tyrred arnynt—bob undeb
    A bendith—llwydd iddynt;
    Annwylaidd gynnal wnelynt
    Dud a gwaed hen dadau gynt.

Cerdd Hela
A gyfansoddwyd yng Ngheri, Sir Drefaldwyn.

Mae awelon dydd yn deffro,
Gwelwch ruddiau'r bore'n gwrido;
A glywch chwi sain corn hela'r Gelli,
Yn rhoi tafod i'r clogwyni ?
Twrf helyddion—cŵn yn udo,
Pob peth megis yn cyd-floeddio,
"Heddiw ydyw'r dydd i ddala
Cadno cyfrwys Craig-y-byllfa."

Dacw'r fywiog dyrfa'n cychwyn,
Ac yn flaenaf yn y fyddin,
Gwelir ar ei helfarch gwisgi
Foneddigaidd ŵr y Gelli,
A'i gâr, ymffrost Blaen-y-corwg:
Mêl ac enaid hil Morganwg;
O gwm i fynydd, dacw'r dyrfa
Nawr yn ymyl Craig-y-byllfa.

Oergri'r cŵn sydd acw'n dangos
Fod llochesau'r cadno'n agos,
Clywch y floedd sy'n crygo'r creigiau,-
Dacw'r cadno'n llamu'r rhiwiau,
I Gwm-amin, i Gwmgwyngul,
A chŵn y Gelli yn ei ymyl:
Rhy ddiweddar edifara
Gadael cilfach Craig-y-byllfa.

Gwelwch, ni wna nant na chlogwyn
Beri i *Nimrod* wyro mymryn;
Leader, Guider, Topper, German,
Fel yn hedeg drwy Gwmaman;
Ringwood, Famous, Countess, Collier,
Blucher, Stately—am gyflymder,
Haeddant sylw yn ngherdd hela
Cadno cyfrwys Craig-y-byllfa.

Gan mor gyflym y mae'r cwmni
'N gado ar ôl y coed a'r llethri,
Y mae'r llethri fel yn neidio,
A'r coedwigoedd fel yn dawnsio,
Gwelwch fel mae'r holl helyddion,
Yn neidio'r cae—yn rhydio'r afon:
Hwy na hir y cofir hela
Cadno cyfrwys Craig-y-byllfa.

Troes yn awr, am nawdd a chysgod,
I'r Garreg-lwyd-hen ffau'r llwynogod;
Ond gwylwyr effro a chŵn yr Ystrad
Yma dorrent ar ei fwriad.
At Graig-y-llyn cyfeiria'n brysur,
Ond prysurach ei erlidwyr:
Rhy ddiweddar edifara
Gadael cilfach Craig-y-byllfa.

Clywch y floedd sy'n rhwygo'r entrych,
Mae'n carlamu'n Nghwm-grefelych:
At Bont-walby hwylia'r cidwm
A thrwy'r coed wrth Aberpergwm;
Mae'n Nghwm-nêdd ond ofer iddo
Ddisgwyl hamdden i orphwyso;
Rhy ddiweddar edifara
Gadael cilfach Craig-y-byllfa.

Helwyr, meirch, a chŵn yn ymlid
A'i troes yn ôl, er cadw'i fywyd,
At Graig-y-llyn, â'r gorngoch eto
I'r Garreg-lwyd am le i ymguddio:
Methai gyrraedd ffau ddiogel;
Dyna'r fonllef ar yr awel,
"Daliwyd, daliwyd, daliwyd yma
Gadno cyfrwys Craig-y-byllfa."

Nid hyn yw'r cyfan—dacw'r cwmni
Wrth groesawgar fwrdd y Gelli,
A gwydraid llawn, a chalon lawen,
Yn yfed hedd a llwydd y nenbren':
Yfed teulu Blaen-y-corwg,
A helwriaeth gwlad Morganwg,"
A phob gwron a fu'n hela
Cadno cyfrwys Craig-y-byllfa.

Penillion i Cadi

o Ddarowen, lodes hanner call di-niwed, wrth ei myned i'r Amwythig i wasanaeth, a ofynai i'r Bardd Ieuainc am ryw benillion cyn ei chychwyn.

Sylwa byd ar urddasolion,
Ni thry lygad ar dylodion;
Collir golwg ar y bwthyn
Gan y palas sydd gyferbyn,
Ond Nêr, er nad yw byd yn sylwi,
Nid yw'n gadael heibio Gadi.

Er i gyfoeth ac uwchafiaeth
Wgu ar ei genedigaeth,
Er na chafodd fam i'w suo,
Ni wnaeth angen iddi lwydo;
Pwy o'r plant sy' a'u bochau'n cochi
O liw gwiwdeg ail i Gadi.

Heb lûn hardd, heb lygad manwl,
Byr o gorff, a byr o feddwl;
Heb y ddawn, y dull, na'r duedd,
Eilw'r byd yn glod rhianedd;
Hwyrach y daw'r drefn wrth droelli
A rhyw godiad pur i Gadi.

Gwelwch, ferched hardd Amwythig,
Ddiniweidrwydd pur mynyddig,
Un na wisga'i gwên a rhodres,
Nytha Rhinwedd yn ei mynwes:
Noddwch hon, gochelwch ffromi,
Na rhoi gwawdus drem ar Gadi.

Nes darfyddo gyrfa adfyd,
Ar hyd llwybrau troellog bywyd,
Lle mae llewod fyrdd yn cerdded,
I 'sglyfaethu rhin dinodded:
Rhag pob drwg, y Duw sy'n noddi
Amddifad, tyddo Ceidwad Cadi.

Caroline

Llinellau ar farwolaeth Miss Hughes, merch y Parch. M. Hughes, Periglor Llanwyddelan, Trefaldwyn.

Ceisiais dybio'r sôn yn anwir,
   Syrthio Caroline i lawr,
Ac na allai seren eglur,
   Fachlud wedi t'wynnu ond awr:
Ond y glul ar gefn yr awel,
   Sŵn y fron yn hollti'n ddwy,
Atsain och sy'n gwaeddi'n uchel,
   Ofer anghrediniaeth mwy.

Hir y cofir y diwrnod
   A esgorodd ar y gwae,
Pan y rhedai i gyfarfod
   Cyfeillesau i odrau'r cae;
Blaenai'r dyrfa tua'r annedd,
   Crechwen ar ei hwyneb pryd;
Ychydig dybiai mai i'w hangladd,
   'Roedd yn gwadd y cwmni ynghyd.

Gydag eistedd, deuai angau
   'N nesu ati gam a cham,
Ac ni throi oddi ar ei siwrnai,
   Er gwaedd mil, er gweddi mam;
Delwai'r tylwyth gan yr alaeth,
   Gwnaent ei gwely fel yn lli',
Hithau'n dawel dan yr artaith,
   Pawb och'neidient ond y hi.

Pan oedd oed yn rhoddi coron
   Aeddfed ar ei dull a'i dawn;
Myrr ac olew yr Ysgolion,
   Wedi'i pherarogli'n iawn;
Pob disgwyliad gwych yn agor,
   Hithau'n ddedwydd yn ei rhan,
Cadd ei galw ar ei helor—
   Y swyn a dorrwyd yn y fan.

Treigliad ei golygon llachar,
   Ei throediad ysgafn ar y ddol,
Corff ac enaid oll yn hawddgar,
   Dynnai'r galar ar ei hol;
Ond mae tryliw rhos a lili,
   Wedi gwelwi ar ei gwedd,
Nawr ni ddena serch cwmpeini
   Mwy na phryfed mân y bedd.

Ffarwel iddi! Boed i'r ywen
   Gadw llysiau'i bedd yn llon,
A gorwedded y dywarchen
   Werdd, yn ysgafn ar ei bron
Sycher dagrau ei rhieni—
   Iôr y Nef i'w harwain hwy,
Nes y cwrddant ryw foreddydd
   Na raid iddynt 'mado mwy.

Yr Hen Amser Gynt

Bu'n hoff i mi wrth deithio 'mhell
   Gael croeso ar fy hynt;
Mil hoffach yw cael "henffych well"
   Gan un fu'n gyfaill gynt.

Er mwyn yr amser gynt, fy ffrind,
   Yr hen amser gynt;
Cawn wydriad bach cyn canu'n iach,
   Er mwyn yr amser gynt.

Yn chwarae buom lawer tro,
   A'n pennau yn y gwynt;
A phleser mawr yw cadw co'
   O'r hyfryd amser gynt.

Er digwyddiadau fwy na rhi'—
   Er gwario llawer punt;
Er llawer coll, ni chollais i
   Mo'r cof o'r amser gynt.

Tra cura calon yn fy mron,
   Drwy groes neu hylon hynt,
Rhed ffrydiau serch drwy'r fynwes hon
   Wrth gofio'r amser gynt.

Cyfieithiad o Feddargraff Seisnig

Ty llong gadd lan, lle'r oedd fy nghais—
  O'r tonnau treiddiais trwy;
Er dryllio'm hwyl gan lawer gwynt,
  Na chlywir monynt mwy.

O gernau'r storm ces ddod yn rhydd,
  Daeth angau'n llywydd llon,
A pharodd im' mewn gobaith glân,
  Angori'n 'r hafan hon.

Bugeilgerdd

(Ar dôn *Kate Kearney*)

DEWI.
  A welaist, a 'dwaenaist ti Doli,
  Sy' â'i defaid ar ochr Eryri?
    Ei llygad byw llon
    Wnaeth friw ar fy mron,
  Melysach na'r diliau yw Doli.

HYWEL.
  O do, mi adwaenwn i Doli—
  Mae'i bwthyn wrth droed yr Eryri;
    'Does tafod na dawn
    All adrodd yn iawn
  Mor hawddgar a dengar yw Doli.

Un dyner, un dawel yw Doli—
Mae'n harddach—mae'n lanach na'r lili;
  Does enw is nen
  A swnia'n ddi-sen
Mor bêr gyda'r delyn â Doli.

DEWI
  Ow! Ow! Nid yw'n dyner wrth Dewi—
Does meinir yn delio fel Doli,
  Er ymbil â hi
  A'm llygad yn lli,
Parhau yn gildynnus mae Doli.

Ymdrechais wneud popeth i'w boddio,
Mi gesglais ei geifr idd' eu godro,
  Dan obaith yn llwyr
  Y cawn yn yr hwyr
Gusanu yn dalu gan Doli.

Mae'i mynwes mor wynned â'r eira—
Mae'i chalon mor oered mi wiria';
  Ar f'elor ar fyrr
  Fy nghariad a'n ngyrr—
O oered a deled yw Doli!

Tri pheth a dim mwy wy'n ddymuno—
Pob bendith i Doli lle delo—
  Cael gweled ei gwedd
  Nes myned i'm medd—
A marw yn nwylo fy Noli.

I —

Fy annwyl ferch, delw'm serch, clyw annerch clwy enaid,
Troist yn ddu'r cariad cu, a chanu'n ochenaid;
A oedd un llaw drwy'r dref draw i nharaw'n anhirion?
A oedd yn mhleth, at y peth, ddwrn yr eneth union?
Yn wir dy wg dagrau ddwg i'r golwg o'r galon,
Oni chaf hedd af i'm bedd i orwedd yn wirion.

Ble mae'r gred, gofus ged, adduned oedd annwyl?
Ai si a siom yr amod drom unasom ryw noswyl?
Ble mae'r drem, fel gwawr gem, a luniem dan lwynydd?
Torrai'n syn swyn y llyn, y delyn, a'r dolydd:
Yn iach i'th wedd, mi wela' 'medd, wan agwedd yn agor;
Dywed di, fy mun, i mi, a wyli ar fy elor?

Pan weli sail y bedd, a'r dail ar adail mor hoywdeg,
Ac uwch y tir, ysgrif hir, o'r gwir ar y garreg—
Mai d'achos di, greulon gri, fu'n gwelwi'r fau galon;
Ai dyma'r pryd, daw gynta'i gyd, iaith hyfryd o'th ddwyfron?
Gorchwyl gwan rhoi llef drwy'r llan, troi'r fan yn afonydd,
Rhy hwyr serch felly, ferch, i'm llannerch bydd llonydd.

Gadael Rhiw

Gofid dwys a wasga 'nghalon,
Gadael Rhiw a'i glannau gleision,
Dolau hardd lle chwardda'r meillion,
     A chysuron fyrdd:
Gadael mangre englyn,
Diliau mêl, a'r delyn;
Gadael cân gynhenid lân,
Eu cael a'u gadael gwedyn;
Gadael man na sangodd achwyn;
Ond er gadael ceinciau'i gorllwyn—
Yng ngaeaf oes fe saif Trefaldwyn,
    Ar fy nghof yn wyrdd.

Trwm, rhy drwm, rhoi ymadawiad
A bro na welir cuwch ar lygad,
Na diffyg ar ei haul na'i lleuad,
     I ddylu blodau fyrdd;
Troi i sych Rhydychen,
O Bowys, hen bau Awen,
Llety hedd, a bwrdd y wledd,
Lle'r atsain bryn â chrechwen:
Gadael llon athrawon gwiwfwyn
Och! ni wn pa fodd i gychwyn. &c.

Try yr ymadawiad ysol,
Nwyf i loesau anfelysol,
Ond pam beiaf rhagluninethol
     Anorffennol ffyrdd
Dyma law 'madawiad,
Â'r llall mi sychaf lygad;
Mae'r fen gerllaw, i'm cludo draw—
Ofer—ofer siarad;
Yn iach bob dengar gwm a chlogwyn—
Yn iach, yn iach, gyfeillion addfwyn. &c.

Rhydychen: 1825-1828

Ar ffolineb gwadu Iaith gynhenid
Athrofa'r Iesu, Rhydychen,
Chwefror 25ain, 1825.

A wirionwyd ar unwaith—yr adyn
    Pan redai i estroniaith,
  I wadu'i wlad, gyda lediaith,
  Gwawdio hon, a gwadu ei hiaith?

A yw'n gywilydd gan ei galon—iaith serch
    Iaith su ei fam radlon?
  Ddyddiau hir, mor dda oedd hon
  I ynganu anghenion?

Ai gŵr yw a gâr awen—heb arddel
    Iaith beirddion di-sgywen?
  Ai un am les hanes hen
  Wrthoda chwaer iaith Eden?

Iaith oedd araith i ddewrion—wroniaid
    Drwy enwog ymdrechion,
  Tan eu heirf bloeddient yn hon
  "Trowch i'r gad! Tr'ewch ergydion!"

Ac onis dewis y dyn—y gyngan
    Sydd rhwng cangau'r dyffryn?
  A gwin i'w fant? ac ni fyn
  Iaith hudoliaeth y delyn?

Onid yw iaith fyw mor fad—yn deilwng
    O'n dilyth arddeliad?
  Neb ond un gwrthun a'i gwad
  Neu a ludd ei choleddiad.

Y mae doethaf gymdeithion—Cymroaidd,
    Ac amryw o'r Saeson—
  Yng Ngwalia mae angylion
  Gyda'u heirf am gadw hon.

A cheir yn pleidio ei choron—euraidd
    Iorwerth a'i gyfeillion,
  A gŵr mawr o gyrrau Môn
  Yn Llywydd yn Nghaerlleon.

Mwy addas i was isel—a'i osgedd
    Am esgyn yn uchel,
  Garu ei iaith, a'r gŵr wêl
  Werth ei hurdd wrth ei harddel.

O'i gwrthod, gwawd ac erthwch—a'i dilyn
    Hyd elor drwy dristwch;
  Ni cha lîn goruwch ei lwch,
  O glod gorau gwladgarwch.

Boed gan Gymro ym mhob broydd—o'i brif-iaith
    Bur fôst yn lle c'wilydd,
  Fel na ddel, tra y del dydd,
  Lediaith ar ein haelwydydd.

Telyn Cymru
Allan o Saesneg Mrs. Hemans,
i Gymdeithas Gymreigyddol Rhuthun, 1824.

O delyn oesol! Dyro eto gainc,
  Fel pan ewynnai'r hirlas yn y wledd;
Pan gurai bronnau gan wladgarol ainc,
  Pan wlychid byrddau Owain gan y medd:
O Delyn! deffro 'ngrym yr oesoedd hen,
Adleisia'r bryn dy geinciau gyda gwên.

Dy dant ni thyr—Rhufeinydd erchyll dôn
  Ddaeth dros las ddyfroedd, gyda llawer rhwyf,
Enynnai fflam trwy dderi sanctaidd Môn,
  A gwnâi gromlechau'n garnedd yn ei nwyf,
Rhoi lwch y creiriau gyda'r gwynt a'r lli',
Delyn, rho gainc, ni allai d'atal di.

Dy dant ni thorrir. Chwyfiodd baner Sais
  Yn ddig ar awel flith Eryri gerth,
Uwch bloedd ei utgyrn, clywid sŵn dy lais,
  Pan guchiai'i gestyll ar y clogwyn serth,
Cynhyrfai'th dôn y dewrion i fwy bri,
Eu llethri oedd ganddynt, bronnau rhydd, a thi.

Oes ddu oedd hon; pan gwympai'r glew di-rus,
  Pan dyfai chwyn gylch bwrdd lle gwleddodd cant,
Pan lechai'r llwynog yn y drylliog lys,
  Oedd nerth i ti'r pryd hyn—dawn ym mhob tant,
Yn nyddiau hedd dy geinciau grymus gyr,
O Delyn bêr! O'th dannau un ni thyr.

Penillion

Mewn llythyr at ei rieni, ar enedigaeth ei nith, 1826.

Henffych, ferch, i fyd o ofid,
   Byd y dagrau, byd y groes:
Agoraist lygad ar yr adfyd,
   Ti gei flinder os cei oes.
Mae gwlad well tu draw i'r afon—
   Nes cael glan ar oror iach,
Rhag pob drwg, y Duw sy'n Sïon,
   Fo'n dy noddi, Marged bach.

Mae'm dychymyg fel yn gwrando
   P'un a glywaf mo dy sain—
Gan holi'r awel sy'n mynd heibio,
   A yw'th wyneb fel dy nain?
A oes eurwallt ar dy gorun?
   A oes rhosyn ar dy rudd?
A pha dybiau sydd yn dirwyn
   Drwy'th freuddwydion nos a dydd?

Pe bawn yna, annwyl faban,
   Mi'th gofleidiwn gyda serch;
Ceit fy mendith am dy gusan,
   Mi'th gyfrifwn fel fy merch:
Ac os try Rhagluniaeth olwyn
   Fyth i'm dwyn i dir fy ngwlad,
Ti gei weled y gall rhywun
   Garu ei nithoedd megis tad.

Cywydd y Gwahodd

Anfonwyd mewn llythyr o wahoddiad Medi 6ed, 1826, oddi wrth Ifor Ceri, at Wilym Aled a'i Gywely.

Eto, Aled, atolwg
Gad si'r dre', a mangre mwg;
Gad Saeson, gwawd, a sisial
Arian, a thincian, a thâl;
Gad wbwb a gwau di-ball
Mamon i feibion y fall:
Rho i'th law—pryd noswyliaw sydd,
Eleni un awr lonydd;
Gwamal i ti o gymaint
Hela myrdd, a holi maint
Ydyw gwerth yr indigo,
A ffwgws, heb ddiffygio,
Gan na cheir gennych hwyrach
Weled byth un Aled bach,
Na geneth, a drin geiniog
O dyrrau llawn dy aur llog.
O fewn llong tyrd tros gefn llwyd
Y *Mersey*, heb ddim arswyd—
A'th gymar sydd werth gemau
Prysurwch, deuwch eich dau
I Geri, fan hawddgaraf,
Man gwâr, lle mae hwya'r haf:
Mor loyw-lon y mae'r lili
A'r rhos yn eich aros chwi,
A phleth rydd yr adar fflwch,
Hyd awyr, pan y deuwch;
Cewch eich dau wenau uniawn
Ifor a Nest, fore a nawn:
(Yma diolch raid imi
"Amen dywed gyda mi,"
Ddwyn Ifor, gan Dduw nefol,

A'i wiw Nest, i Geri'n ôl:)
At un Nest dda west, ddiwall,
Tyred a dy Nest arall;
Braint cyn bedd, cael medd a maeth
Maesaleg un mis helaeth;
Y mae sylwedd Maesaleg,
A'i dôr, yn y Geri deg.

Y mae un gŵr mwy nag oll,
Awch digoll uwch ei degan:
Ifor bach sydd a'i ferw byth,
Drwy gofio yn dragyfyth;
"Mae'r gŵr ym mhryd mebyd mau,
Enynnodd hen awenau
Y glyn, nes oedd bryn a bro,
A gwig las, yn gogleisio;
Ai pell—ai tra-phell y trig—y gwiwddyn
Fynnai delyn a cherdd fy Nadolig?"

Tyrd Aled, ira d'olwyn,
A thyrd i ddoldir a thwyn;
Ac awyr lem Ceri lân,
Perarogl copa'r Aran;
Gwrandaw sibrwd y ffrwd ffraw—rhwng
    deilfur,
Y dŵr eglur yn trydar wrth dreiglaw;
Rhodio i wrando'r ehedydd,
Dringo'r bryn ar derfyn dydd;
Hufen Nest a chân Ifor,
A dŵr mad, drwy rad yr Iôr—
Wnânt it' neidio a gwisgo gwên,
Deui'n foch-goch—doi'n fachgen.

Gan Alun, gwan wehelyth,
O fwrdd i fwrdd, wael fardd fyth—

Gwely nid oes, nac aelwyd,
Na bir i'w gynnyg, na bwyd—
Cei law a chalon lawen,
A mwy ni cheisi, Amen.

Cwyn ar ôl Cyfaill
Pan hir-arhosai yn Rhydychen, Mehefin, 1827
(Efelychiad o Bugail Cwmdyli *gan Ieuan Glan Geirionydd)*

Trwy ba bleserau byd
Yr wyt yn crwydro c'yd?
Mae pleser fel y lli,
A'r moethau gorau i mi
Yn wermod hebot ti,
    Siôr anwylaf.

Trwm wibio llygad llaith
Amdanat yw fy ngwaith;
A rhodio godre'r bryn,
A gwyrddion lannau'r llyn,
Lle rhodit ti cyn hyn,
    Siôr anwylaf.

Mae peraidd flodau d'ardd
Yn gwywo fel dy fardd;
A'th ddefaid hyd y ddôl,
A'u gwirion ŵyn o'u hôl
Yn gofyn ddo'i di'n ôl,
    Siôr anwylaf.

Mae 'Nghymru laeth a mêl,
Mae 'Nghymru fron ddi-gêl,
Mae 'Nghymru un yn brudd
O'th eisiau, nôs a dydd—
A'i gair wrth farw fydd,
    Siôr anwylaf.

Marwolaeth yr Esgob Heber

Lle treigla'r Caveri[*] yn donnau tryloywon,
   Rhwng glennydd lle chwardd y pomgranad a'r pîn
Lle tyfa perlysiau yn llwyni teleidion,
   Lle distyll eu cangau y neithdar a'r gwîn;
Eisteddai Hindŵ[†] ar lawr i alaru,
Ei ddagrau yn llif dros ei ruddiau melynddu,
A'i fron braidd rhy lawn i'w dafod lefaru,
   Ymdorrai ei alaeth fel hyn dros ei fin:—

"Fy ngwlad! O fy ngwlad, lle gorwedd fy nhadau!
   Ai mangre y nos fyddi byth fel yn awr?
Y Seren a dybiais oedd Seren y borau,
   Ar 'nawn ei disgleirdeb a syrthiodd i lawr;
Y dwyrain a wenai, y tymor tywynnodd,
A godrau y cwmwl cadduglyd oreurodd,
Disgwyliais am haul—ond y Seren fachludodd
   Cyn i mi weled ond cysgod y wawr.

Fy ngwlad! O fy ngwlad! yn ofer yr hidlwyd
   I'th fynwes fendithion rhagorach nag un,
Yn ofer ag urdd bryd a phryd y'th anrhegwyd,
   Cywreindeb i fab, a phrydferthwch i fun;
Yn ofer tywynni mewn gwedd ddi-gyfartal,
A blodau amryliw yn hulio dy anial,
A nentydd yn siarad ar wely o risial,
   A phob peth yn ddwyfol ond ysbryd y dyn.

---

[*] Afon yn Ngorllewin Hindwstan, a lifa heibio Tiruchirappalli, claddfa yr Esgob Heber, ac a ymarllwysa i fôr Coromandel wrth Tranquebar.
[†] Er bod Alun yn defnyddio'r term 'Hindŵ', mewn ystyr ethnig y bwriedir; mae'n amlwg o'r gerdd mai Cristion yw'r unigolyn hwn.

Yn ofer y tardd trwy dy dir heb eu gofyn
    Ddillynion pêr anian yn fil ac yn fyrdd;
Yn ofer y gwisgwyd pob dôl a phob dyffryn
     dillad Paradwys yn wyn ac yn wyrdd;
Yn ofer rhoi awen o Nef i dy adar,
A gwythi o berl i fritho dy ddaear;
Yn ofer pob dawn tra mae bonllef a thrydar
    Yr angrhed a'i anrhaith yn llenwi dy ffyrdd.

Dy goelgrefydd greulon wna d'ardd yn anialdir,
    Ei sylfaen yw gwaed, a gorthrymder a cham:
Pa oergri fwrlymaidd o'r Ganges a glywir?
    Baban a foddwyd gan grefydd y fam:[*]
Ond gwaddod y gwae iddi hithau ddaw heibio;
O! Dacw'r nen gan y goelcerth yn rhuddo,
Ac uchel glogwyni y Malwah'n atseinio
    Gan ddolef y weddw o ganol y fflam.

Gobeithiais cyn hyn buasai enw Duw Israel,
    A'r aberth anfeidrol ar ael Calfari,
Yn destun pob cerddi o draeth Coromandel,
    A chonglau Bengal hyd i eithaf Tickree;
Ac onid oedd Bramah yn crynu ar ei cherbyd,
Er y pryd y bu Schwartz[†] yn cyhoeddi fod bywyd
Yn angau y groes i Baganiaid dwyreinfyd?—
    Pan gredodd fy nhad yr hyn ddysgodd i mi.

---

[*] Roedd y syniad bod rhai sectau yn India'n aberthu plant yn gyffredin iawn ar y pryd ym Mhrydain ac yn India ei hun, ond nid oes tystiolaeth cadarn bod hyn wedi'i arfer mewn gwirionedd.
[†] Y cenhadwr Almaenig C. F. Schwartz (1726-98).

A'th ddoniau yn nwch, ac yn uwch dy sefyllfa,
   A'th enaid yn dân o enyniad y Nef,
Cyhoeddaist ti, Heber, yr un-ryw ddihangfa,
   Gyda'r un serch ac addfwynder ag ef;
Diferai fel gwlith ar y rhos dy huodledd,
Enillai'r di-gred at y groes a'r gwirionedd,
Llonyddai'r gydwybod mewn nefol drugaredd;—
   Mor chwith na chaf mwyach byth glywed dy lef.

Doe i felynion a gwynion yn dryfrith,
   Cyfrenit elfennau danteithion y nen;
Y plant a feithrinit neshaent am dy fendith,
   A gwenent wrth deimlo dy law ar eu pen;
Doe y datgenit fod Nef i'r trallodus—
Heddiw ffraethineb sy' fud ar dy wefus—
Ehedaist o'r ddaear heb wasgfa ofidus,
   I weled dy Brynwr heb gwmwl na llen.

Fy ngwlad! O fy ngwlad! bu ddrwg i ti'r diwrnod
   'Raeth Heber o rwymau marwoldeb yn rhydd;
Y grechwen sy'n codi o demlau'r eulunod,
   Ac uffern yn ateb y grechwen y sydd;
Juggernaut[*] erch barotoa'i olwynion—
Olwynion a liwir gan gochwaed dy feibion—
Duodd y nos—ac i deulu Duw Sïon
   Diflannodd pob gobaith am weled y dydd."

---

[*] Yr endid Hindwaidd Jagannatha. Yng ngŵyl flynyddol Ratha yatra llusgir delw ohono, tarddiad y term Saesneg *Juggernaut*.

Yn araf, fy mrawd, paid, paid anobeithio,
   Gwnâi gam ag addewid gyfoethog yr Iôr:
A ddiffydd yr haul am i seren fachludo?
   Os pallodd yr aber, a sychodd y môr?
Na, na, fe ddaw bore bydd un *Haleluia,*
Yn ennyn o'r Gauts hyd gopâu Himalaya,
Bydd baner yr Oen ar bob clogwyn yn India,
   O aelgerth Cashgur hyd i garth Travancore.*

A hwyrach mai d'wyrion a gasglant dy ddelwau
   A fwrir i'r wâdd ar bob twmpath a bryn,
Ar feddrod ein Heber i'w rhoi yn lle blodau—
   Ei gyfran o ysbail ddymunodd cyn hyn:
Heber! Ei enw ddeffrodd alarnadau,
Gydymaith mewn galar, rho fenthyg dy dannau,
Cymysgwn ein cerddi, cymysgwn ein dagrau,
   Os dinôdd y gerdd bydd y llygad yn llyn.

Yn anterth dy lwydd, Heber, syrthiaist i'r beddrod,
   Cyn i dy gorun ddwyn un blewyn brith;
Yn nghanol dy lesni y gwywaist i'r gwaelod,
   A'th ddeilen yn îr gan y wawrddydd a'r gwlith:
Mewn munud newidiaist y meitr am goron,
A'r fantell esgobol am wisg wen yn Sïon,
Ac acen galarnad am hymn anfarwolion,
   A thithau gymysgaist dy hymn yn eu plith.

---

* Gauts—*Ghats;* mynyddoedd uchel yn ne-orllewin India. Dinas yn ne-orllewin Tseina yw Cashgur (Kashgar); teyrnas yn y de oedd Travancore (Thiruvithamkoor); felly ystyr hyn oll yw 'India i gyd'.

Llwyni Academus, cynorsaf dy lwyddiant,
  Lle gwridaist wrth glod y dysgedig a'r gwâr;
Y cangau a eiliaist a droed yn atgofiant
  O alar ac alaeth i'r lluoedd a'th gâr:
Llygaid ein ieuenctid, a ddysgwyd i'th hoffi,
Wrth weled dy ardeb yn britho ffenestri
A lanwant, gan gofio fod ffrydiau Caveri
  Yn golchi dy fynwent wrth draeth Tanquebar.

Llaith oedd dy fin gan wlithoedd Castalia,
  O Helicon yfaist ym more dy oes;
Ond hoffaist wlith Hermon a ffrydiau Siloa,
  A swyn pob testunau daearol a ffoes:
Athrylith, Athroniaeth, a dysg yr Awenau,
A blethent eu llawryf o gylch dy arleisiau;
Tithau'n ddi-fôst a dderbyniaist eu cedau,
  I'w hongian yn offrwm ar drostan y Groes.

Pan oedd byd yn agor ei byrth i dy dderbyn,
  Gan addo pob mwyniant os unit ag ef—
Cofleidiaist y Groes, a chyfrifaist yn elyn
  Bob meddwl a geisiai fynd rhyngot a'r nef:
Yn Hodnet[*] yn hir saif dy enw ar galonnau
Y diriaid ddychwelwyd yn saint trwy'th bregethau—
Amddifad gadd borth yn dy briod a thithau—
  Y weddw a noddaist—y wan wneist yn gref.

Gadewaist a'th garant—yn ysbryd Cenadwr
  Y nofiaist tros donnau trochionog y môr,
I ddatgan fod Iesu yn berffaith Waredwr
  I Vahmond Delhi, ac i Frahmin Mysore;
Daeth bywyd ac adnerth i Eglwys y Dwyrain—
Offrymwyd ar allor Duw Israel a Phrydain—
Yn nagrau a galar Hindoo gallwn ddarllain
  Na sengaist ti India heb gwmni dy Iôr.

---

[*] *Hodnet:* Amwythig, esgobaeth Heber cyn mynd i India.

O Gôr Trichinopoly, cadw di'n ddiogel
   Weddillion y Sant i fwynhau melys hun,
Pan ferwo y weilgi ar lan Coromandel,
   Gofynnir adfeilion ei babell bob un;—
Ond tawed ein pruddgerdd am bennill melysach,
A ganodd ein Heber ar dannau siriolach,
Yn arwyl y Bardd â pha odlau cymhwysach
   Dilynir ei elor na'i odlau ei hun?

"Dihangaist i'r bedd—ni alarwn amdanat,
   Er mai trigfa galar a niwl ydyw'r bedd;
Agorwyd ei ddorau o'r blaen gan dy Geidwad,
   A'i gariad gwna'r ddunos yn ddiwrnod o hedd.
Dihangaist i'r bedd—ac ni welwn di mwyach
Yn dringo rhiw bywyd trwy ludded a phoen:
Ond breichiau rhad ras a'th gofleidiant ti bellach,
   Daeth gobaith i'r euog pan drengodd yr Oen.

Dihangaist i'r bedd—ac wrth adael marwoldeb
   Rhwng hyder ac ofn, os unwaith petrusaist,
Dy lygaid agorwyd yn nydd tragwyddoldeb,
   Ac angel a ganodd yr Anthem a glywaist.
Dihangaist i'r bedd—byddai'n bechod galaru,
At Dduw y dihangaist—y Duw a dy roes:
Efe a'th gymerodd—Efe wna'th adferu
   Di-golyn yw angau trwy angau y groes."

Cyfieithiad yw'r ddau bennill olaf o emyn Heber ei hun, "Thou art gone to the grave, but we will not deplore thee / Though sadness and sorrow encompass the tomb."

Seren Bethlehem
(Cyfieithiad o Saesneg H. K. White)

Pan bo sêr anhraethol nifer
   Yn britho tywyll lenni'r nen,
At *un* yn unig drwy'r eangder
   Y tâl i'r euog godi ei ben;
Clywch! Hosanna'n felys ddwndwr
   Red i Dduw o em i em,
Ond *un* sy'n datgan y Gwaredwr,
   Honno yw Seren Bethlehem.

Unwaith hwyliais ar y cefnfor
   A'r 'storm yn gerth, a'r nos yn ddu,
Minnau heb na llyw, nac angor,
   Na gwawr, na gobaith o un tu,
Nerth a dyfais wedi gorffen,
   Dim ond boddi yn fy nhrem,
Ar fy ing y cododd seren,
   Seren nefol Bethlehem.

Bu'n llusern a thywysydd imi,
   Lladdodd ofn y dyfrllyd fedd,
Ac o erchyll safn y weilgi
   Dug fi i borthladd dwyfol hedd;—
Mae'n awr yn deg, a minnau'n canu,
   F'achub o'r ystorom lem,
A chanaf pan bo'r byd yn ffaglu
   Seren! Seren! Bethlehem!

Treffynnon a Manordeifi: 1828-1840

Cathl i'r Eos

Pan guddio nos ein daear gu
  O dan ei du adenydd,
Y clywir dy delori mwyn,
  A chôr y llwyn yn llonydd;
Ac os bydd pigyn dan dy fron
  Yn peri i'th galon guro,
Ni wnâi, nes torro'r wawrddydd hael,
  Ond canu a gadael iddo.

A thebyg it' yw'r feinir wâr
  Sydd gymar gwell na gemau,
Er cilio haul, a hulio bro
  A miloedd o gymylau;
Pan dawo holl gysurwyr dydd,
  Hi lynna yn ffyddlonaf;
Yn nyfnder nos o boen a thrais
  Y dyry lais felysaf.

Er dichon fod ei chalon wan
  Yn delwi dan y dulid,[*]
Ni chwyna, i flino'i hannwyl rai—
  Ei gwên a guddia'i gofid:
Ni pheidia'i chân trwy ddunos faith,
  Nes gweled gobaith golau
Yn t'wynnu, megis llygad aur,
  Trwy bur amrantau'r bore.

---

[*] *Dulid:* deunydd o wead trwchus.

Abaty Tyndyrn

Pa sawl bron a oerodd yma?
   Pa sawl llygad gadd ei gloi?
Pa sawl un sydd yn y gladdfa,
   A'r cof ohonynt wedi ffoi?
Pa sawl gwaith, ar wawr a gosber
   Swniai'r gloch ar hyd y glyn?
Pa sawl *Ave*, cred a phader,
   Ddwedwyd rhwng y muriau hyn?

Ar y garreg sydd gyferbyn,
   A faluriwyd gan yr hin,
Tybiaf weld, o flaen ei eilun,
   Ryw bererin ar ei lin;
Tybiaf fod y mwg o'r thuser
   Eto'n codi'n golofn wen,
A bod sŵn yr organ seinber
   Eto yn datseinio'r nen.

Ond Distawrwydd wnaeth ei phabell
   Lle cartrefai'r anthem gynt;
Nid oes yma, o gôr i gangell,
   Un erddygan, ond y gwynt.—
Felly darffo pob coel-grefydd,
   Crymed byd gerbron y Gwir;
Hedd a chariad, ar eu cynnydd,
   Fo'n teyrnasu tros y tir.

Cân Gwraig y Pysgotwr

Gorffwys don, dylifa'n llonydd,
Paid a digio wrth y creigydd;
Y mae anian yn noswylio,
Pam y byddi di yn effro?
Dwndwr daear sydd yn darfod—
Cysga dithau ar dy dywod.

Gorffwys fôr! mae ar dy lasdon
Un yn dwyn serchiadau 'nghalon;
Nid ei ran yw bywyd segur,
Ar dy lifiant mae ei lafur;
Bydd dda wrtho, fôr diddarfod,
Cysga'n dawel ar dy dywod.

Paid â grwgnach, bydd yn ddiddig,
Dyro ffrwyn ym mhen dy gesig;
A pha esgus iti ffromi?
Nid oes gwynt ym mrig y llwyni:
Tyrd â bad fy ngŵr i'r diddos
Cyn cysgodion dwfn y ceunos.

Iawn i wraig yw teimlo pryder
Pan bo'i gŵr ar gefn y dyfnder;
Ond os cyffry dig dy donnau,
Pwy a ddirnad ei theimladau?
O bydd dirion wrth fy mhriod—
Cysga'n dawel ar dy dywod.

Byddar ydwyt i fy ymbil,
Fôr didostur, ddofn dy grombil;
Trof at Un a all dy farchog
Pan bo'th donnau yn gynddeiriog;
Cymer Ef fy ngŵr i'w gysgod,
A gwna di'n dawel ar dy dywod.

Y Ddeilen Grin

Sych yw'r ddeilen ar y brigyn,
Buan iawn i'r llaid y disgyn;
Ond y meddwl call a ddarllen
Wers o addysg ar y ddeilen.

Unwaith chwarddodd mewn gwyrddlesni,
Gwawr y nef orffwysodd arni;
Gyda myrddiwn o gyfeillion,
Dawnsiodd yn yr hwyr awelon.

Darfu'r urdd oedd arni gynnau,
Prin y deil dan wlith y borau,
Cryna rhag y chwa ireidd-lon
Sydd yn angau i'w chyfoedion.

Ni all haul er ymbelydru,
Na llawn lloer er ei hariannu,
Ac ni all yr awel dyner
Alw yn ôl ei hen ireidd-der.

Blaguro ychydig oedd ei chyfran,
Rhoi un wên ar wyneb anian;
Llef o'r nef yn Hydref waedda—
"Darfu'th waith,"—a hithau drenga.

Y Môr Coch

Chwythwch yr utgyrn ar gopa Baalsephon,
Jehofa orchfygodd, daeth rhyddid i'r caethion:
Cenwch—ucheldrem y gelyn a dorrwyd,
Carlamau'r gwŷr meirch yn y tywod arafwyd;
Mor wag oedd eu bôst! Ni wnaeth Duw ond
    llefaru,
Dyna fyrdd yn y don yn gwingo ac yn trengu!
Cenwch yr utgyrn ar glogwyn Baalsephon,
Jehofa farchogodd ar war ei elynion!
Mawl, mawl i'r Gorchfygydd—Hosanna i'r Iôr,
Y gormes a gladdwyd yn meddrod y môr;
Ei air oedd y saeth a enillodd yr orchest,
Anadl ei ffroenau oedd cleddyf y goncwest.
Pwy ddychwel â'r newydd i'r Aifft am y nifer
A yrrodd hi allan yn niwrnod ei balchder?
Edrychodd yr Arglwydd o le ei ogoniant,
A'i miloedd yn nhrochion y llif a suddasant!
Chwythwch yr utgyrn ar aelgerth Baalsephon,
Mae Israel yn rhydd a Pharo yn yr eigion.

Elen y Glyn
(Aralleiriad o 'Jesse of Dumblane' R. Tannahill)

Yr haul aethai lawr dros gopa Plumlumon,
Gan gochi'r cymylau uwch aelgerth y bryn,
Ymrodiwn drwy'r cwm yn yr hafaidd Fehefin
Gan feddwl am Elen, blodeuyn y Glyn:
Y rhosyn symudliw, mor bêr mae'n arogli,
A pheraidd yw'r lili a'i gwisgiad yn wyn;
Ond can-mil mwy peraidd, i'm bron yn fwy
    annwyl,
Yw'r hawddgar lân Elen, blodeuyn y Glyn.

Mae'n llon, y mae'n wylaidd, mae nod
    diniweidrwydd
I'w weled yn ngwenau ei gwedd gor-deg gwyn;
A phell fyddo'r adyn—heb deimlad, un gronyn,
Wnâi ddifa'n ei darddiad flodeuyn y Glyn:
Cyweiria di'r fronfraith dy gainc i'r prynhawn-
    ddydd,
Wyt annwyl i atsain llwyn gwyrdd Tal-y-llyn;
Ac annwyl i minnau—mor ddidwyll a dengar
Yw'r hawddgar lân Elen, blodeuyn y Glyn.

Mor ddiwerth fy oes nes cwrddais ag Elen,
Mor ddiflas oedd campau ar dwmpath a bryn;
Ni welais un feinir wnawn alw'n anwylyd,
Nes cwrddais ag Elen, blodeuyn y Glyn:
Pob mawredd pe meddwn—mewn rhadau pe
    rhodiwn,
Er llawnder fil-miliwn, ni wenwn er hyn;
Gwnawn gyfrif fel diddim, uchafiaeth
    ysblennydd,
O eisiau'r lân Elen, blodeuyn y Glyn.

Llinellau a briodolir i'r Dywysoges Amelia
merch Siôr III, ar ei chlaf wely.

Yn wamal, a gwawr ie'nctyd ar fy ngrudd,
Y chwarddais, dawnsiais, cenais, cefais glod,
Yn falch o iechyd, hoff o bleser hydd,
Ni thybiais unwaith fod gofidiau i ddod,
Gan farnu, yn nghanol ffôl bleserus swyn,
I'r ddaear gael ei gwneuthur er fy mwyn.

Ond pan ddaeth awr y brofedigaeth erch,
A siglo'r babell gan angheuol glwy',
At bleser gwag pan oerodd bryd a serch,
Nad allwn droi'n y ddawns, na chanu mwy;
Meddyliais yna, drymed fuasai 'nghwyn,
Pe'r byd yn unig wnaethid er fy mwyn.

Sina a Chalfaria

Pan oedd Sina arani'n gwgu,
    A'i ddeddf doredig dan fy nhraed;
Gweld y mynydd mawr yn mygu
    Clywed llais dialydd gwaed;
F'enaid egwan ar lesmeirio
    Gan y mellt a chan y tân
Popeth megis, tan felltithio,
    Am fy nryllio'n chwilfriw mân.

Cofiais yn fy ing angerddol
    Am addewid lawn fy Nuw:
"Galw arnaf yn nydd trallod,"—
    Diolch! Dyma fan i fyw!
Ac o fy nghalon lesg esgynnodd
    Gweddi at yr orsedd wen;
Yna ebrwydd iawn disgynnodd
    Ateb grasol ar fy mhen.

Chwythodd awel o Galfaria
    Ymaith y cymylau i gyd,
Dofwyd mellt cynddeiriog Sina
    Yn heulwennau ar fy myd;
Trowd yr holl daranau trystiog
    Yn ganeuon nefol ddawn;
Minnau'r truan gwan ac euog
    Yn ymdeimlo'n ddedwydd iawn.

Ar gael hefyd o www.melinbapur.cymru:

Talhaiarn
Tal ar Ben Bodran
a Cherddi Eraill

"'Mae rhai yn brysur iawn yn casglu golud,
  Drwy lafur blin a chwys y corff a'r 'mennydd:
Pentyrru llwyth o gyfoeth yw eu gwynfyd,
  Gan ychwanegu stôr o'r môr a'r mynydd;
Gofalu a phryderu drwy eu bywyd,
  Yn ofni colled ac yn caru cynnydd;
Ond teimlant pan yn hen, a hurt, a charbwl,
Mai gwagedd ac oferedd yw y cwbl."

Cymerodd Talhaiarn, sef John Jones (1810-1869), ei enw barddol o'i dref enedigol, sef Llanfair Talhaearn yn y Sir Ddinbych hanesyddol. Roedd yn un o feirdd Cymraeg mwyaf poblogaidd y bedwaredd ganrif ar bymtheg, ond hefyd un o'r rhai mwyaf dadleuol oherwydd ei fywyd afradlon, ei bersonoliaeth cwerylgar a'i wleidyddiaeth.

Roedd yn ddylanwad mawr nid yn unig ar ei gyfoeswyr ond ar feirdd telynegol yr ugeinfed ganrif. Mae'r detholiad hwn o'i gerddi yn cynnwys nifer o'i ganeuon, ond hefyd ei englynion, ei gyfieithiadau o waith Burns a Byron, a'r cyhoeddiad cyflawn cyntaf mewn un llyfr o'i gampwaith hir *Tal ar Ben Bodran*, un o weithiau Cymraeg mwyaf trawiadol y cyfnod.

Ar gael hefyd o www.melinbapur.cymru:

W. J. Gruffydd
Y Tlawd Hwn: Casgliad o Gerddi

"Fe ddaw eu tro'n ddiogel—ond pa waeth?
Ni leddfir tinc y chwerthin melys rhydd;
Ni ddelir adain maboed un yn gaeth
Wrth gofio am drueni'r meirwon prudd,
A'u dwylo'n groesion, yn eu gwely gro."

William John Gruffydd (1881-1954) oedd un o ffigurau cyhoeddus mwyaf blaenllaw'r byd Cymraeg yn ystod hanner cyntaf yr ugeinfed ganrif. Roedd yn un o ysgolheigion mwyaf dylanwadol ei oes ym maes llenyddiaeth Gymraeg, yn olygydd *Y Llenor* am ddegawdau, a bu'n enwog hefyd am ei gystadleuaeth wybyddol a gwleidyddol gyda Saunders Lewis, a ddaeth i'w hanterth yn ystod isetholiad sedd Prifysgol Cymru yn 1943, a enillwyd gan Gruffydd.

Fel bardd, fodd bynnag, daeth Gruffydd i'r amlwg yn gyntaf, a hynny'n llanc ugain oed pan gyhoeddwyd Telynegion, ei gydweithrediad gydag R. Silyn Roberts. Ystyrir ef o hyd yn un o feirdd mawr y dadeni mewn barddoniaeth Gymraeg ar ddechrau'r ugeinfed ganrif, ac er bod detholiadau lawer wedi'u gwneud o'i waith, y gyfrol hon yw'r ymgais cyntaf i gasglu ynghyd holl weithiau barddonol cyhoeddedig y bardd.

Ar gael hefyd o www.melinbapur.cymru:

R. J. Derfel
Cwyn y Gweithwyr a Cherddi Eraill

"Tra byddo ein gwlad o gwr i gwr
Yn eiddo arglwyddi tir,
Na chaned Cymro wladgarol gerdd,
Heb ynddi frawddeg o wir;
Yn hytrach datganer rhyfel gân,
I gasglu y Cymry ynghyd;
I ymladd â'r gelyn am y tir,
Nes ennill y wlad i gyd."

Roedd Robert Jones Derfel (1824-1905) yn fardd, traethodydd, llyfrwerthwr a chyhoeddwr, ac fe'i cofir yn bennaf heddiw fel cenedlaetholwr cynnar ond yn anad dim fel un o arloeswyr y mudiad Sosialaidd yng Nghymru. Yn hytrach na chystadlu mewn Eisteddfodau, defnyddiodd ei farddoniaeth er mwyn amlygu gwirioneddau anodd Prydain y bedwaredd ganrif ar bymtheg: tlodi, anghydraddoldeb, hawliau gweithwyr, ac agweddau at ferched.

Y detholiad hwn o'i farddoniaeth yw'r cyntaf i gael ei gyhoeddi ers dros canrif. Wedi'i gynnwys hefyd mae rhagymadrodd gan D. Ben Rees, sydd wedi cyhoeddi nifer o lyfrau ar dreftadaeth sosialaidd Cymru.

www.melinbapur.cymru

Dilynwch ni ar:

X (@melinbapur)
Facebook (@melinbapur

www.ingramcontent.com/pod-product-compliance
Lightning Source LLC
Chambersburg PA
CBHW061222070526
44584CB00029B/3936